Marie-Luise Kreuter

DER BIO-GARTEN IM JAHRESLAUF

Die wichtigsten Arbeiten
Monat für Monat

BLV

Einleitung

Junge Gärtner, die sich noch nicht auf eigene Erfahrungen verlassen können, stehen im Frühling oft verwirrt und unsicher vor der Fülle der drängenden Saat- und Pflanztermine. »Wie früh darf ich Erbsen in die Erde legen? Wie lange muß ich noch mit Bohnen und Tomaten warten?« Solche Fragen verlangen schnelle, zuverlässige Antworten. Aber auch »alte Hasen« überlegen ab und zu: »Wie war das mit dem Chinakohl? Darf man ihn schon im Juni oder erst im Juli aussäen?« Was man nicht oft und regelmäßig tut, gerät eben schnell in Vergessenheit.

Wenn man die Samentüten schon in der Hand hält, möchte man nicht lange suchen und nachblättern. Für alle, die sich rasch informieren möchten über die wichtigsten Gartenarbeiten im Jahreslauf, habe ich diesen Führer durch 12 Monate geschrieben. Sie finden darin alle wichtigen Saat-, Pflanz- und Pflegetermine, außerdem eine Menge praktischer Tips rund um das ganze Gartenjahr. Viel Kopfzerbrechen erspart Ihnen ein Blick in die Rubrik »Naturgemäßer Pflanzenschutz«. Dort können Sie jeden Monat nachlesen, was Sie rechtzeitig unternehmen müssen, um Ihre Pflanzen auf natürliche Weise vor Schaden zu bewahren. Für die ganz Eiligen gibt es am Schluß jeden Kapitels einen Überblick in Stichworten.

Bedenken Sie bei der Umsetzung der monatlichen Ratschläge in Ihre Gartenwirklichkeit, daß die Natur nicht wie ein Computer funktioniert. Das Standortprogramm muß immer wieder an wechselnde Situationen angepaßt werden. Vor allem in Frühling und Herbst weisen die Klimabedingungen zwischen den einzelnen Landschaften große Unterschiede auf. Dann gilt es für jeden Gärtner, selbst zu beobachten, Erfahrungen zu sammeln und sich auf die Jahreszeiten einzustellen. Das ist auch gut so. Ein Buch kann hilfreich sein – aber das Leben mit der Erde und den Pflanzen bleibt ein herrliches Abenteuer, das jeder selbst erleben und bestehen muß.

Die Deutsche Bibliothek –
CIP-Einheitsaufnahme

Der **Bio-Garten im Jahreslauf**:
die wichtigsten Arbeiten Monat für Monat/Marie-Luise Kreuter. –
München; Wien; Zürich: BLV, 1993
ISBN 3-405-14478-7
NE: Kreuter, Marie-Luise

BLV Verlagsgesellschaft mbH
München Wien Zürich
8000 München 40

Umschlaggestaltung:
Studio Schübel, München
Layout: Anton Walter, Gundelfingen
Lektorat: Katja Holler
Herstellung: Ernst Großkopf

Satz: Quark-Xpress im Verlag
Druck und Bindung: Passavia, Passau
Printed in Germany
ISBN 3-405-14478-7

Bildnachweis:
Alle Fotos von Werner Dittmer außer:
Bildarchiv Gitte: 1, 6, 44 u, 63 l, 92 o
Felbinger:5, 37 m, 91, 93
Hagemann: 69 o
Henseler: 50 o, 59 u
Limbrunner: 17, 78
Morell: 38, 75 u, 83 u
Reinhard: 2/3, 9, 10, 18, 20/21, 35, 37 or, 43, 47 l, 60, 61, 66, 72, 73 u, 75 o, 76, 94
Sammer: 11, 21 u, 55 o, 55 u, 59 o, 70, 84 u, 87, 88, 89, 92 u
Schlüter: 15 l, 69 u
Stangl: 13
Strauß: 25, 39 o, 39 u, 41, 53, 57 l, 68, 71, 74, 82 u, 83 o

Umschlagfotos (von Januar bis Dezember): Felbinger, Sammer, Limbrunner, Strauß, Reinhard, Reinhard, Strauß, Reinhard, Strauß, Dittmer, Sammer, Felbinger

Januar

Im Januar wird jeder Tag um einen Hahnenschrei früher hell. Das große Himmelsgestirn beginnt langsam wieder zu steigen, und das neue Jahr wendet sich unaufhaltsam dem Frühling zu. Aber noch beherrscht der Winter die Natur. Januar und Februar sind in unseren Breiten meist viel kälter und schneereicher als der Dezember. Die Erde wirkt noch sehr abweisend und unzugänglich. Hartgefrorene Beete oder weiße Schneedecken zeigen dem Gärtner die »kalte Schulter«.

So beginnt das Gartenjahr vorerst auf buntbedrucktem Papier. Kataloge mit den neuesten Frühlingsangeboten flattern ins Haus und verlocken zum Studium. In diesen Winterwochen können Sie sich genügend Zeit nehmen, um Preise und Sorten sorgfältig zu vergleichen. Manchmal bekommen Sie Pflanzen günstiger in der Gärtnerei um die Ecke. Ein anderes Mal lohnt es, preiswerte Pflanzen oder seltene Züchtungen zu bestellen. Behalten Sie aber trotz wärmster Empfehlungen einen kühlen Kopf: Oft entpuppt sich der letzte Schrei als alter Hut, und märchenhafte Katalogfotos stimmen nicht immer mit der grünen Gartenwirklichkeit überein.

Für den Biogärtner lohnt es sich deshalb, nach Spezialangeboten Ausschau zu halten, die auf den naturgemäßen Garten abgestimmt sind. Es gibt inzwischen eine ganze Reihe guter Betriebe, die zum Beispiel Kräuter, Duftpflanzen, Wildstauden, Wildgehölze oder alte Obstsorten anbieten.

Im Gemüsegarten

Frische Ernte trotz Kälte

Wenn Sie vorgesorgt haben, können Sie immer noch im Freiland ernten: Feldsalat, Roter Zichoriensalat, Grünkohl und Rosenkohl lassen sich im Winter nicht »unterkriegen«. Decken Sie diese kostbaren frischen Vitaminspender aber mit Tannenreisig oder Folien ab, wenn der Wetterbericht stärkere Schneefälle ankündigt! Bei frostfreiem Wetter können Sie Schwarzwurzeln und Topinambur ausgraben. Porree (Lauch) bleibt im Einschlag geschützt und erntefrisch.

Wenn Sie im Frühbeet noch Chicoréewurzeln eingeschlagen haben, dann können Sie sie nun nach und nach im dunklen Keller antreiben. Dazu füllen Sie einen Eimer oder eine Kiste mit feuchtem Sand. Das Laub wird, soweit noch etwas davon übriggeblieben ist, abgeschnitten. Achten Sie nur darauf, daß das »Herz« nicht verletzt wird. Nun stecken Sie die Wurzeln senkrecht in das feuchte Substrat. Schon bald beginnen in der Dunkelheit die weißen Zapfen des Zichoriensalates zu treiben. Die Temperaturen sollen zwischen 10 und 18 Grad liegen. In wärmeren Kellern bildet der Chicorée nur lockere Köpfe und wird leicht von Schädlingen befallen.

Während der Garten im Schnee ruht, können Sie Chicorée im Keller antreiben und im warmen Zimmer Pläne für das neue Gartenjahr machen.

Ein Plan für die Mischkulturen

Nutzen Sie die ruhigen Winterwochen auch, um einen Plan für den Gemüsegarten anzulegen. Zeichnen Sie ihn so groß, daß er mehrere Jahre benutzt werden kann. Oder fertigen Sie eine Standardzeichnung aller Beete an, die Sie dann mehrmals auf Vorrat fotokopieren. Jedes Jahr verwenden Sie ein neues Blatt und benutzen die alten Eintragungen zur Kontrolle. Tragen Sie die wechselnden Kulturen auf den Beeten mit der Jahreszahl ein. Nur so behalten Sie den Überblick über Mischkulturen und Fruchtwechsel, die für den gesunden Anbau so wichtig sind. Es bereitet viel Freude, einen solchen Plan zu zeichnen, auf dem zuerst die Umrisse des Grundstücks, die Beete und die Wege eingetragen werden. Für

Gemüsepflanzen, Bäume und Sträucher können Sie dann einfache, farbige Symbole benutzen. Man muß kein Zeichenkünstler sein, um ein solches »Gartenbild« herzustellen. Es soll ja nur als ganz persönliche Orientierungshilfe dienen. Aber niemand hindert Sie daran, neben den nützlichen Eintragungen auch irgendwo einen kleinen Spatz oder eine dicke schwarz-weiße Katze hineinzupinseln. Dann macht der Gartenplan, der im Frühling vielleicht in Ihrer Laube aufgehängt wird, noch mehr Spaß.

Im Kräutergarten

Ernte vom Beet

Petersilie, Löffelkraut und Winterportulak bieten unter schützendem Tannenreisig grüne, vitaminreiche Blätter an. Solange kein starker Frost eingesetzt hat, können Sie auch noch von Pimpinelle und Winterheckezwiebel ernten.

Kräuter auf der Fensterbank

Schnittlauchballen, die bei offenem Wetter ausgegraben wurden und anschließend einmal tüchtig auf dem Beet durchgefroren sind, können auch jetzt noch eingetopft werden. Auf einer mäßig warmen Fensterbank treiben die Pflanzen bald die ersten würzigen Schlotten.

In Töpfen oder Schalen können Sie Kresse und Kerbel für den frischen Schnitt im Winter säen. Zum Keimen eignen sich unter anderen die Samen von Soja- oder Mungobohnen, Alfalfa (Luzerne), Weizen und Linsen. Diese Keimsprossen liefern frische Vitamine und Mineralstoffe in der kargen Winterzeit.

Im Obstgarten

Schnittarbeiten

Wenn es nicht zu kalt ist, können Sie die Obstbäume auslichten oder verjüngen. Falls Sie größere Äste wegsägen, müssen Sie die offenen Stellen auf jeden Fall mit einem im Handel erhältlichen Wundbalsam sorgfältig verschließen. Anderenfalls bieten sie Schädlingen ein »offenes Tor«.

Ausgelichtet werden auch Beerensträucher, vor allem Johannis- und Stachelbeeren. Entfernen Sie vor allem die alten Triebe, die Sie an dunkler Rindenfärbung gut erkennen können. Schneiden Sie diese Äste stets tief am Boden weg. So gelangen wieder Licht und Luft in die Sträucher. Junge Triebe können nachwachsen.

Jetzt ist auch die richtige Zeit für den Schnitt der Edelreiser, vorausgesetzt es herrscht kein starker Frost (maximal – 4 Grad). Die etwa bleistiftstarken Triebe vom einjährigen Holz werden in feuchtem Sand zur Hälfte eingeschlagen.

Vorsichtsmaßnahmen

Schützen Sie die Stämme junger Bäumchen durch Maschendrahthosen vor Wildschäden.

Zweige mit kranken Blättern oder Fruchtresten abschneiden und vernichten! Sammeln Sie Fruchtmumien und infizierte Blätter am Boden ein und werfen Sie sie in die Mülltonne. Krankheitserreger (Pilze und Bakterien) überdauern in der Erde!

Der grüne Kressepelz des Tonschäfchens darf zum Abendbrot geschoren werden.

Im Ziergarten

Schnitt der Sträucher

Wenn es nicht gerade Stein und Bein friert, das heißt, wenn die Temperaturen über minus 5 Grad bleiben, dann können sie schon damit beginnen, Ihre Ziersträucher auszulichten. Die Frühlingsblüher, wie zum Beispiel die Forsythien, sollten Sie aber möglichst noch schonen. Es wäre schade, wenn Sie sich selbst um die erste Blütenpracht brächten. Einen kräftigen Rückschnitt verlegen Sie hier besser in den kurzen Zeitraum, der zwischen welkender Blüte und dem Austrieb der Blätter bleibt. Sobald der Strauch von frischem Grün eingehüllt ist, wird der Schnitt schwierig, weil die Übersicht verlorengeht.
Wenn Sie im Winter nur wenige, überalterte Äste wegschneiden möchten, dann können Sie diejenigen Zweige, die Knospen angesetzt haben, auf jeden Fall ins Haus holen und in eine Vase stellen. Im warmen Zimmer werden sich die goldgelben Forsythienglöckchen bald öffnen. So geht Ihnen diese Freude nicht verloren.
Denken Sie beim Schnitt aller Ziersträucher immer daran, daß altes Holz tief am Boden weggenommen werden muß. Sie erkennen solche Zweige meist an der dunklen Rindenfärbung. Grundsätzlich müssen Sie auch alle nach innen wachsenden Äste entfernen, damit die Sträucher genügend Licht und Luft erhalten. Ganz falsch wäre es, wenn Sie alle Zweige auf einheitliche Höhe einkürzen. Dadurch entsteht nur ein gestauchtes, dichtes Gehölz, das bald am eigenen Ästewirrwarr erstickt.
Eine Ausnahme bilden sehr alte Sträucher; sie können ganz tief zurückgeschnitten werden und schlagen danach verjüngt wieder aus.

Pflege der »Kellerkinder«

Blumen, die im Keller Winterschlaf halten, dürfen Sie nicht ganz vergessen. Lassen Sie an milden Tagen frische Luft in den Raum, in dem die Kübelpflanzen und die Balkonblumen stehen. Die Temperatur darf dort allerdings nie unter den Gefrierpunkt sinken. Mit der Gießkanne sollten Sie in diesen kalten Wochen sehr vorsichtig umgehen. Der Stoffwechsel der »Kellerkinder« ist stark reduziert; sie können also weder größere Mengen Flüssigkeit noch Dünger verkraften. Gießen Sie deshalb sehr sparsam, aber lassen Sie die Wurzelballen nie ganz austrocknen!

Aussaat hinter Glas

Wenn Sie einmal Geranien aus eigener Anzucht besitzen möchten, dann sollten Sie schon ab Anfang Januar mit der Aussaat auf einer warmen Fensterbank oder im Gewächshaus beginnen. Zu spät gezogene Pflanzen lassen sonst bis zum Sommer mit der Blüten auf sich warten.

Aussaat der Kaltkeimer

Manche Samen brauchen eine Kälteperiode als Anreiz für die Keimung; zu diesen »Winterkindern« zählen vor allem Stauden, wie zum Beispiel Eisenhut, Adonisröschen, Tränendes Herz, Alpenenzian *(Gentiana acaulis)*, Etagenprimel, Himmelsschlüssel, Wiesenraute *(Thalictrum dipterocarpum)*, Trollblume, Christrose, Duftveilchen, Frauenmantel, Kuhschelle und Steinbrecharten.
Säen Sie diese Samen in Schalen oder Töpfen aus; sie werden nur dünn mit Sand übersiebt und leicht angedrückt. Gießen Sie gut an, damit reichlich Feuchtigkeit vorhanden ist. Dann werden die Gefäße im Garten an einem schattigen, geschützten Platz »ausgesetzt«. Sie können sie auch bis zum Rand in die Erde senken. Feuchtigkeitsschutz bietet eventuell eine Folienabdeckung.
Ab März stellen Sie die Saatgefäße ins kalte Frühbeet, wo die Keimlinge später auch pikiert werden können.

Was gibt es sonst noch zu tun?

Schwere Lasten abschütteln

Eine dicke Schneedecke schützt alle Stauden, Zwiebelblumen, Gemüse und Salate, die dicht am Boden oder in der Erde überwintern. Für Bäume und Sträucher kann diese glitzernde, weiße Last aber sehr gefährlich werden. Schütteln Sie deshalb Ihre Nadelgehölze ab und zu, so daß der schwere Schnee herunterfällt.

Hilfe für die Vögel

Denken Sie jetzt auch an die Fütterung der Vögel. Wenn Sie einen Futterplatz eingerichtet haben, dann muß der Tisch auch regelmäßig gedeckt sein; sonst hungern die Tiere, die an diesen Platz gewöhnt waren. Besonders wichtig ist eine Mahlzeit am späten Nachmittag. Sie deckt den Energiebedarf während der Nacht und schützt die Vögel vor dem Erfrieren.
Halten Sie die Futterstelle immer sehr sauber, damit sich keine Infektionskrankheiten ausbreiten können. Falls Sie im Herbst die Nistkästen noch nicht gesäubert haben, sollten Sie diese Arbeit jetzt nachholen. Dann sind die Vogelwohnungen im Frühjahr wieder einzugsbereit für die nächsten »Untermieter«.

Wenn dicker Schnee liegt, sind die Vögel im Garten für zusätzliches Futter dankbar.

Winterputz für das Werkzeug

Ihre Gartengeräte können Sie jetzt noch in Ruhe putzen und reparieren. Im Frühling fehlt dazu bestimmt die Zeit. Wenn Sie aber bei den ersten Arbeiten in der Sonne zu einer blitzblanken Harke greifen, dann bereiten die Vorbereitungen für das neue Wachstum ungetrübte Freude.
Auch Frühbeet, Folientunnel, Wasserschlauch, Sprenger, Tomatenstäbe und Aussaatgefäße sind für eine grundliche Reinigung oder eventuell für Reparaturen dankbar.

Vorräte nicht vergessen

Kontrollieren Sie Obst und Gemüse im Vorratskeller. Beschädigte und kranke Früchte müssen regelmäßig aussortiert werden, damit sie die gesunden Bestände nicht anstecken. Halten Sie Sandeinschläge für Möhren, Rote Bete oder Dahlienknollen stets mäßig feucht.

Naturgemäßer Pflanzenschutz

- Es lohnt sich, die Leimringe an den Obstbäumen zu kontrollieren. Die Frostspanner sind auch im Januar noch aktiv unterwegs. Entfernen Sie trockene Blätter, die am Leim hängengeblieben sind. Sie dienen den aufwärts krabbelnden Weibchen als Brücke über die Falle.
- Bürsten Sie borkige Stämme kräftig sauber. Anschließend wird die Rinde mit Kalkmilch oder mit einer Kalk-Lehm-Kräuter-Brühe angestrichen. So verlieren Insekten, die in den Ritzen der Borke überwintern, ihren Unterschlupf.
- Kranke Obstreste, Blätter oder Zweige einsammeln und vernichten.
- Achten Sie auf Wühlmäuse. In gefährdeten Gärten dürfen die Baumscheiben nur sehr dünn gemulcht werden.
- Lassen Sie frischen Gehölzschnitt liegen; er dient hungrigen Hasen als leicht erreichbares Futter. Die Tiere werden so von Bäumen und Sträuchern abgelenkt.

Das Wichtigste auf einen Blick

Säen
Warm: Geranien, Kresse, Kerbel
Freiland: Kaltkeimer (Stauden)

Pflanzen
Warm: Schnittlauch eintopfen

Pflegen
Schnitt der Obst- und Ziergehölze; Edelreiser schneiden; Stämme säubern und streichen; Balkon- und Kübelpflanzen gießen; Vorräte kontrollieren.

Ernten
Petersilie, Löffelkraut, Winterportulak, Feldsalat, Roter Zichoriensalat, Grünkohl, Rosenkohl, Lauch (Porree), Schwarzwurzeln, Topinambur, Chicorée (getrieben), Möhren, Sellerie, Rote Bete (im Einschlag).

Der Biotip des Monats

Genießen Sie die winterliche Ruhe. Nutzen Sie die Zeit der Muße, um Ihre Erfahrungen durch gute Gartenbücher zu vertiefen.
»Ein Buch ist wie ein Garten, den man in der Tasche trägt.« (Arabisch)

Alle Arbeit ruht, wenn der Garten im dichten Schneetreiben versinkt.

Februar

Nach einigen sonnigen, milden Tagen kann der Februar schon mit den ersten Frühlingsblüten überraschen: Winterlinge, frühe Botanische Krokusse und Schneeglöckchen trauen sich an geschützten Stellen ans Licht. Aber ebenso rasch kann die zarte Blütenprobe wieder unter einer Schneedecke begraben werden. Keine Angst – Vorfrühlingsblumen ertragen eine solche Schocktherapie ohne Schaden. Wenn die kalte »Verpackung« schmilzt, blühen sie weiter, als wäre nichts geschehen. Im Februar treiben nicht nur die Menschen, sondern auch die Naturgewalten ihre Narrenspiele. Dennoch kann die Arbeit im Garten langsam beginnen. Nützen Sie alle günstigen Tage, damit Sie im März nicht zu sehr ins Gedränge geraten.

Im Gemüsegarten

Für Saatgut sorgen

Besorgen Sie sich im Februar schon das Saatgut für alle Frühlingsaussaaten. Den Inhalt angebrochener Samentüten vom Vorjahr können Sie durch eine Keimprobe testen. Legen Sie 10 Körner zwischen feuchtes Papier. Wenn mehr als 5 Samen keimen, lohnt sich die Weiterverwendung.

Sparen Sie aber nicht ausgerechnet am Saatgut, denn in diesen unscheinbaren Körnchen ist der Erfolg des kommenden Gartenjahres »vorprogrammiert«. Nur Qualitätssamen garantieren eine gute Ernte! Versuchen Sie, wo dies möglich ist, naturgemäß angebautes oder doch zumindest ungebeiztes Saatgut zu bekommen. Gute Adressen finden Sie auch im Anhang des Buches.

Falls der Plan für Ihre Gemüsebeete noch nicht fertig ist, sollten Sie ihn jetzt unbedingt aufzeichnen. Fruchtwechsel oder Mischkulturen müssen sorgfältig eingetragen werden. Durch solche Planung und Übersicht verhindern Sie, daß der Boden Jahr für Jahr einseitig ausgelaugt wird.

Bodenvorbereitungen

Bei offenem Wetter können Sie auf den Beeten noch Dünger und Kalk ausstreuen. Vor allem Thomasmehl sollte mit dem Schnee in die Erde gewaschen werden. Verwenden Sie kalkhaltige Dünger, wie zum Beispiel Thomasmehl oder Urgesteinsmehl und Düngekalk, nur dort, wo der Boden wirklich unter Kalkmangel leidet. Eine Überkalkung ist gefährlich, weil sie nur schwer wieder rückgängig gemacht werden kann. Im Handel können Sie einfache Kalktester kaufen, mit deren Hilfe Sie in kurzer Zeit feststellen, ob Ihre Gartenerde sauer, alkalisch oder ausgeglichen ist. Für die meisten Pflanzen ist eine leicht saure Bodenreaktion mit pH-Werten zwischen 6 und 7 günstig.

Wenn die Erde nicht gefroren sondern feucht und locker ist, können Sie die Beete bereits mit Kompost und organischem Vorratsdünger versorgen. Langsam lösen sich zum Beispiel Hornspäne oder Mischungen aus Horn-, Blut-Knochenmehl auf. Kompost und Dünger werden leicht in die oberste Bodenschicht eingeharkt.

Das Frühbeet wird »aufgeheizt«

Anfang bis Mitte Februar sollte die »Fußbodenheizung« im Frühbeet verlegt werden, damit die ersten Aussaaten genug Wärme vorfinden. Für die Mistpackung muß der Boden im Kasten 60 bis 70 cm tief ausgehoben werden. Dies kann natürlich nur geschehen, wenn die Erde nicht hart gefroren ist. Besser wäre es, wenn diese Arbeit bereits im Spätherbst erledigt würde.

Füllen Sie die Vertiefung mit frischem Pferdemist. Festgestampft soll diese Packung 30 bis 40 cm dick sein. Die oberste Schicht besteht aus 20 cm gutem, reifem Humus. Schließen sie nun die Fenster. Nach wenigen Tagen hat der heiß verrottende Mist die Erde und den Kasten soweit erwärmt, daß Sie bei günstiger Witterung mit ersten Aussaaten beginnen können.

Frühe Aussaaten – geschützt oder unter freiem Himmel

In einem frostgeschützten Gewächshaus oder im warmen Mistbeet können Sie in der zweiten Februarhälfte Kohlrabi, Frühlingssalate und Radieschen aussäen. Kohlrabi und Salat lassen sich auch auf der Fensterbank vorziehen. Diese Pflanzen wer-

Die Körner der Dicken Bohnen können einzeln in kleinen Töpfen vorgetrieben werden.

den im März in den Garten verpflanzt, am besten unter einen Folientunnel. Frühzeitig muß auch der Sellerie ausgesät werden. Dieses Gemüse entwickelt sich sehr langsam, der Keimprozeß benötigt viel Wärme. Säen Sie deshalb im Februar auf einer warmen Fensterbank oder im Gewächshaus aus.
Im Freiland sollten Sie sich von den ersten warmen Sonnentagen nicht täuschen lassen. Der Winter liegt noch an der nächsten Ecke auf der Lauer. In nasser, kalter Erde werden zu früh gestreute Samenkörner faul und verderben. Üben Sie sich noch ein wenig in Geduld. Nur in sehr milden Lagen können Sie ab Mitte Februar bereits mit der Aussaat von Dicken Bohnen und Spinat beginnen. Wenn Sie sicher gehen wollen, legen Sie je 2 Bohnenkörner in ein Töpfchen und kultivieren die Pflanzen hinter schützendem Glas in mäßiger Wärme vor.

Letzte Ernte vom alten Jahr

Verbrauchen Sie im Februar die letzten Vorräte von Feldsalat, Radicchio, Rosenkohl und Grünkohl. In der warmen Märzsonne, die nicht mehr lange auf sich warten läßt, werden diese Gemüse und Salate in Blüte schießen. Geräumte Beete können für die Frühjahrsbestellung vorbereitet werden.

Im Kräutergarten

Ernte und Aussaat hinter Glas

Im Reich der Gewürz- und Arzneipflanzen herrscht noch kühle Ruhe. Nur die »Winterkräuter« bieten noch ihre guten Dienste an. Ernten Sie so oft wie möglich die frischen vitaminreichen Blätter von Löffelkraut, Winterportulak, Petersilie und Barbarakraut *(Barbarea vulgaris)*. Auf der Fensterbank grünt immer wieder frische Kresse. Beugen Sie mit diesen Kräutern der beginnenden Frühjahrsmüdigkeit vor.
Am Zimmerfenster oder im Gewächshaus können Sie ab Mitte Februar, wenn die Sonne stärker und länger strahlt, Basilikum und einjährigen Majoran vorziehen. Auch eine Kerbelaussaat lohnt schon jetzt.

Im Obstgarten

Schutzanstrich für Baumstämme

Im Februar, wenn warme Mittagssonne und eisige Nachtfröste sich innerhalb weniger Stunden ablösen, besteht Gefahr für manche Obstbäume. Der Saft in den Zellen dehnt sich zu rasch aus – die Rinde kann platzen. Um solche starken Temperaturunterschiede mit ihren schlimmen Folgen zu vermeiden, können Sie die Baumstämme mit einer Kalkbrühe anstreichen. Die helle Farbe reflektiert die Sonne und mildert dadurch die krassen Schwankungen zwischen Wärme und Kälte.
Im Handel können Sie auch fertiggemischte Baumanstrich-Präparate kaufen. Sie enthalten außer Kalk noch pflegende Substanzen für die Rinde. Wenn Sie eine solche Mischung über die Beerensträucher versprühen, schützen Sie die dicken, schwellenden Knospen durch einen festen Überzug vor den Vögeln.

Der Schnitt der Bäume muß beendet werden, bevor der Saft steigt. Im Februar ist die Zeit günstig.

Schneiden und Düngen

Beenden Sie im Februar unbedingt den Baumschnitt. Größere Schnittstellen müssen Sie mit Baumwachs-Präparaten verschließen. Anderenfalls können Pilze, Bakterien und andere Schädlinge ins Holz eindringen.

Auf den Baumscheiben können Sie in diesem Monat Dünger verteilen. Decken Sie die Fläche aber möglichst wieder mit Mulchmaterial (Stroh, Laub, grober Kompost) zu. So bleibt die Erde über den lebenswichtigen Saugwurzeln der Bäume locker und feuchter als an offenen Stellen im Garten.

Im Ziergarten

Letzter Schnitt – neue Pflanzen

Jetzt ist noch Zeit für alle wichtigen Schnittarbeiten an den Gehölzen. Sobald der Saft zu steigen beginnt und die Knospen schwellen, muß diese Arbeit beendet werden. Nach ein paar milden Tagen mit warmem Sonnenschein ist dieser Zeitpunkt manchmal rasch erreicht.

Wenn Sie im Frühling neue Rosen oder Stauden pflanzen möchten, dann sollten Sie jetzt schon auf den Beeten den Platz ausmessen und die Pflanzen bestellen. Der Versand erfolgt erst später. Aber wer seine Wünsche früh anmeldet, der wird auch rechtzeitig mit guter Ware aus vollen Beständen bedient. In einer guten Staudengärtnerei am Ort können Sie bereits ab Ende Februar bei offenem Wetter Rosen und Stauden kaufen. Schauen Sie bei dieser Gelegenheit auch einmal nach, ob der Frost irgendwo im Garten Pflanzen hochgehoben hat. Sie müssen dann sorgsam wieder in die Erde gedrückt werden, damit die Wurzeln nicht vertrocknen.

Die früheste Narzisse, die schon Ende Februar ihre zierlichen gelben Glocken öffnet, heißt übrigens »Februar-Gold«. Falls sie noch nicht in Ihrem Garten heimisch ist, sollten Sie sie einmal für die nächste Blumenzwiebel-Bestellung vormerken. Diese kleine Osterglockenart gehört zu den hübschesten Vorfrühlings-Überraschungen. Sie ist sehr anspruchslos, wie fast alle Narzissen; an einer geschützten; warmen Südwand blüht sie besonders früh und reich!

Balkon- und Kübelpflanzen werden munter

Die Ruhezeit für Geranien, Fuchsien, Engelstrompeten, Rosmarin und viele andere Wintergäste in kühlen Räumen geht langsam zu Ende. Sie zeigen mit neuen Trieben deutlich an, daß sie nun wieder mehr Licht, Wärme und vor allem frische Erde benötigen. Wer genügend Platz hat, der sollte schon jetzt mit dem Rückschnitt, mit dem Umtopfen und der Umstellung auf einen helleren, warmen Platz beginnen. Um so eher wird die Blüte im Frühling einsetzen!

Balkon- und Kübelpflanzen, die in einem frostfreien Gewächshaus überwintert haben, müssen jetzt auf jeden Fall geschnitten und umgepflanzt werden. Unter Glas steigen die Temperaturen bei Sonnenschein bereits kräftig in die Höhe. Ungepflegte Pflanzen schießen dann schnell ins Kraut und über die Stränge.

Warten Sie mit dem Umtopfen nicht, bis der Ballen so dicht durchwurzelt ist wie hier!

Vorgetrieben werden die ersten Knollenbegonien und Cannapflanzen, die man auch Indisches Blumenrohr nennt.

Erste Blumen-Aussaaten im Warmen!
Wer es nicht erwarten kann, der beginnt bereits im Februar auf einer hellen Fensterbank oder im Gewächshaus mit der Aussaat wärmebedürftiger Einjahrsblumen. Eine längere Vorkultur benötigen zum Beispiel: Zinnien, Astern, Trompetenzunge *(Salpiglossis)*, Löwenmäulchen, Spinnenpflanze und Ziertabak. Es lohnt sich auch, Pflanzen für Balkonkästen selber herauszuziehen. Säen Sie jetzt Verbenen, Chineser-Nelken, Gazanien, Männertreu und Leberbalsam in Töpfen, Saatschalen oder Holzkistchen aus.

Was gibt es sonst noch zu tun?

»Abfall«-Verwertung
Zum Baumschnitt kommt in diesen Wochen oft noch reichlich »Abfall« von abgeräumten Stauden- und Gemüsebeeten. Wo sich sehr viel Material ansammelt, da lohnt sich ein kleiner Schredder, der alles säuberlich zerhackt. Die zerkleinerten Zweige eignen sich hervorragend zur Kompostierung. Sie halten das verrottende Material locker und luftig. Experimentierfreudige Gärtner könnten den groben, holzigen Abfall aber auch als Grundlage eines Hügelbeetes benutzen. Ein solcher Versuch lohnt sich durchaus. Und neue Erfahrungen machen das Gartenleben ja immer wieder spannend und erlebnisreich.
Vergessen Sie nicht an frostfreien Tagen, wenn kein Schnee liegt, die immergrünen Gehölze zu wässern!
Nistkästen müssen spätestens jetzt unbedingt gereinigt werden. Hängen Sie auch neue Kästen auf; die Vögel können sich dann rechtzeitig an die Behausungen gewöhnen.

Naturgemäßer Pflanzenschutz

- Verwenden Sie einen Teil des Gehölzschnitts, um ihn unter Sträuchern oder in stillen Gartenecken aufzuhäufen. So entsteht Lebensraum für Nützlinge, die Ihnen später einen großen Teil des Pflanzenschutzes abnehmen.
- Vermeiden Sie möglichst ölhaltige Präparate, die oft zur Winterspritzung benutzt werden. Sie treffen damit auch überwinternde Nützlinge.
  Leimringe können abgenommen und vernichtet werden.
- An warmen Tagen fliegen die ersten Apfelblütenstecher aus. Binden Sie Wellpappstreifen um die Stämme; kontrollieren Sie frühmorgens, ob sich Blütenstecher darunter versteckt haben.
- Blutlauskolonien sind jetzt gut sichtbar. Sie werden ausgebürstet oder mit Farnkrautextrakt eingepinselt.

Blutlauskolonien (links) und andere versteckte Insekten werden aus der Rinde gebürstet.

Das Wichtigste auf einen Blick

Säen

Warm: Salat, Radieschen, Sellerie, Dicke Bohnen, Kohlrabi; Basilikum, Majoran, Kerbel; Sommerblumen (Zinnien, Astern, Löwenmäulchen, Verbenen, Männertreu und andere);

Freiland: Dicke Bohnen, Spinat;

Pflanzen

Canna und Knollenbegonien vortreiben;
Rosen;

Pflegen

Bodenvorbereitungen, Kompost und Dünger verteilen;
Gehölzschnitt, Baumanstrich, Baumscheiben düngen, immergrüne Gehölze wässern;
Balkon- und Kübelpflanzen umtopfen und zurückschneiden;

Ernte

Feldsalat, Roter Zichoriensalat, Grünkohl, Rosenkohl, Lauch, Löffelkraut, Winterportulak, Barbarakraut, Petersilie, Kresse.

Der Biotip des Monats

Rezept für Baumanstrich:
Bereiten Sie aus lehmiger Erde oder Tonmehl eine dickflüssige Brühe, die mit Schachtelhalm-Brühe, Rainfarn-Tee und Algenkalk vermischt wird. Rühren Sie, wenn möglich, noch frische Kuhfladen darunter. Dieser Anstrich wirkt schützend und heilend.

Mit einem breiten Pinsel oder mit einem alten Handfeger wird der Baumanstrich aufgetragen.

März

Man hört es schon, bevor der Wecker rasselt: die Vögel probieren ihre Frühlingslieder. Jetzt hält es auch die Gartenfreunde nicht mehr im Haus. An warmen, sonnigen Tagen duftet die Erde bereits verlockend von den feuchten braunen Beeten. Narzissen und frühe Botanische Tulpen zeigen dicke Knospen. Krokusse, Scilla und Zwergiris leuchten durch den Garten.

Lassen Sie sich dennoch nicht zu früh verlocken. Nach strahlenden Frühlingstagen folgen im März oft noch plötzliche Frosteinbrüche oder sogar Schneefälle. Den Blumen dieser Jahreszeit macht ein solches Wechselspiel nichts aus. Für Aussaaten aber kann es böse Rückschläge bedeuten.

Denken Sie stets daran, daß zum Keimen und Wachsen Wärme und Feuchtigkeit nötig sind. Schwere, lehmige Böden brauchen im März viel länger, bis sie sich erwärmt haben, als leichte Sandböden. Bearbeiten Sie die Beete niemals, solange die Erde noch naß ist und an den Gartenstiefeln kleben bleibt. Erst wenn der Humus wieder krümelig und warm geworden ist, kann es mit der Arbeit richtig losgehen.

Im Gemüsegarten

Vorbereitung der Beete

Sobald der Boden abgetrocknet ist und sich erwärmt hat, können Sie die Beete für die ersten Kulturen vorbereiten. Mulchreste, die noch nicht ganz verrottet sind, werden beiseite geharkt. Zwischen den Saat- und Pflanzreihen bilden sie dann weiter schützende Decken. Lockern und glätten sie nur die freigelegten Streifen. In Gärten, die von einer Schneckenplage heimgesucht werden, vor allem auf lehmig-feuchten Böden, räumen Sie die Mulchdecke für ein paar Wochen ganz weg.

Aussaat und Pflanzung im Freiland

In milden Landschaften können ab Mitte März bereits unempfindliche Gemüsearten ins Freiland gesät werden. Dazu gehören Dicke Bohnen (Puff- oder Saubohnen), Spinat, Möhren, Zwiebeln, Pastinaken, Schwarzwurzeln und Pahlerbsen. Nie vergessen: Oft wächst eine etwas spätere Aussaat, die im warmen Boden gelegt wurde, schneller als eine frühe Saat, die unter Frost und Nässe leiden mußte!
Gepflanzt werden Topinamburknollen und Rhabarber-Wurzelstücke.

Säen und Pflanzen: im kalten Kasten und unter Folien

Unter Folientunneln, im kalten Kasten und im ungeheizten Gewächshaus hat der Frühling bereits einen großen Wärmevorsprung. Hier können Sie Kopfsalat (`Maikönig') und Kohlrabipflanzen in die Erde setzen. Gesät werden Schnitt- und Pflücksalate, Radieschen, Frühlingsrettich, Mairübchen und Stielmus für eine frühe Ernte. Der Jungpflanzenanzucht dienen Aussaaten von Lauch und Frühkohlarten, zum Beispiel Blumenkohl, Spitzkohl, Weißkohl und Wirsing.
Falls noch einmal starke Nachtfröste einsetzen, decken Sie das Frühbeet und den Folientunnel vorsichtshalber mit Strohmatten oder Decken zu. Im kalten Gewächshaus genügt meist eine schwache Wärmequelle, wie zum Beispiel eine Glühbirne, um Frostschäden abzuwehren.
An warmen Tagen, wenn die Sonne kräftig scheint, müssen Sie unbedingt lüften, damit die zarten Keimblätter nicht verbrennen. Gießen Sie möglichst am Morgen, damit die Pflanzen bis zum Abend wieder abgetrocknet sind. Feuchte Blätter faulen leicht oder werden von Pilzen befallen. Die Frühlingsnächte sind ja noch recht kühl. Am Spätnachmittag sollten Sie Folientunnel und Frühbeetfenster wieder schließen, damit die Sonnenwärme möglichst lange gespeichert bleibt.
Achten Sie sorgfältig auf das Unkraut; es wächst oft rascher als die Saat und erstickt die ersten zarten Keimlinge.

Kartoffeln vorkeimen

In warmen Gegenden können Ende des Monats die ersten Frühkartoffeln in die Erde gelegt werden. Dieser Termin ist aber sehr von der Witterung abhängig. Oft ist es besser, noch ein wenig zu warten, denn einen Kälteschock vertragen diese Knollen nur schwer. Auf jeden Fall sollten Sie rechtzeitig Anfang März das Kartoffelsaatgut vorkeimen. Dazu werden die Knollen in sauberen Kistchen nebeneinander aufgestellt. Dies geschieht an einem mäßig warmen, hellen Platz.

Unter einem Folientunnel wachsen junge Pflanzen geschützt vor Wetterlaunen heran. Wärme und Feuchtigkeit fördern die Entwicklung.

Palerbsen sind nicht kälteempfindlich. Sie werden in tiefen Rillen ausgesät.

Im Kräutergarten

März

Gewürzkräuter im Freiland

Krause und glattblättrige Petersilie kann ebenso wie Wurzelpetersilie und Kümmel schon im Freiland ausgesät werden. Bei kühlem Frühlingswetter keimt die Saat aber sehr langsam. Streuen Sie ein paar Radieschenkörner als Markiersalat in die Reihen.

Gepflanzt werden Knoblauchzehen und Meerrettichwurzeln, die man auch Fechser nennt. Der Meerrettich bildet starke Büsche mit tiefreichenden Stangenwurzeln. Er steht gut unter Obstbäumen oder am Rand eines großen Kartoffelstücks.

Mitte bis Ende März können Sie in nicht zu rauhen Lagen schon unempfindliche Staudenkräuter, wie zum Beispiel Zitronenmelisse, Beifuß, Schnittlauch oder Winterheckezwiebel pflanzen.

Warme Vorkultur

Auf der Fensterbank oder im geheizten Gewächshaus säen Sie jetzt das würzige Basilikum aus. Davon gibt es rote oder grünblättrige Sorten und für experimentierfreudige Kräutergärtner sogar verschiedenartige Duftnoten. Streuen Sie auch die Samen des einjährigen Majoran aus, der später ins Freiland verpflanzt wird.

Rhabarber antreiben

Wenn Sie Anfang März über den gerade beginnenden Rhabarberaustrieb einen Eimer stülpen, wachsen die ersten Stangen rasch für eine frühe Ernte heran.

Warme Vorkultur

Auf der Fensterbank, im Mistbeet oder im geheizten Gewächshaus werden alle wärmebedürftigen Gemüsearten vorgezogen. Säen Sie dort Knollen- und Stangensellerie aus. Ab Mitte März wird es auch Zeit für die Vorkultur der südländischen Gemüse: Tomaten, Paprika, Auberginen und Zuckermelonen.

Ernte

Es ist höchste Zeit, für die letzten Wintersalate und Kohlarten. Bald werden sie in Blüte schießen! Verwerten Sie auch die eingelagerten Vorräte im Keller rechtzeitig, bevor sie verderben.

Wärmebedürftige Kräuter, Sommerblumen und südländische Gemüse werden im Gewächshaus vorgezogen.

Schlüsselblumen, Schneeruhm und Botanische Tulpen gehören zu den frühen Frühlingsboten.

Staudenkräuter, wie Lavendel, Thymian, Rosmarin, Ysop, Eberraute, Indianernessel und Melisse werden jetzt im Warmen aus Samen aufgezogen.
Im Folientunnel und im Frühbeetkasten säen Sie die ersten Kräuterreihen für die Frühlingsernte aus: Von Borretsch, Dill, Kerbel und Kresse können Sie schon bald die ersten würzigen Blättchen pflücken.

Ernte

Die Reste der Winterkräuter, zum Beispiel blühender Winterportulak und Löffelkraut können bereits mit den ersten frischen Schlotten der Winterheckezwiebel und jungen Löwenzahnblättern gemischt werden.

Im Obstgarten

Letzte Schnittmaßnahmen

Wo der Obstbaumschnitt noch nicht bewältigt ist, da sollten Sie diese Arbeit spätestens Anfang März zu Ende führen. Achten Sie darauf, daß die Kronen der Obstbäume Licht und Luft bekommen. Nach innen wachsende Zweige sollten Sie deshalb grundsätzlich entfernen. Grobes Schnittholz verbrennen Sie am besten, weil sich in der Rinde Schädlinge verbergen können. Die Holzasche ist kalihaltig und kann als Dünger benutzt werden. Gesunde Äste finden für Reisighaufen Verwendung, die nützlichen Gartenhelfern wie dem Igel als Unterschlupf dienen. Dünne Zweige wandern, kleingeschnitten, auf dem Kompost.

Pflanzung der Obstgehölze

Alle Obstbaumarten, auch Nußbäume, können Sie jetzt noch pflanzen. Für kleine Gärten eignen sich besonders Spindelbuschsorten von Äpfeln und Birnen. Der frühe Frühling ist für die Pflanzung von Pfirsich- und Aprikosenbäumen sowie für Weinreben die beste Zeit.

Auch für Beerenobst ist noch günstige Pflanzenzeit. Johannisbeeren, Stachelbeeren, Himbeeren und Brombeeren sollten Sie sich in einer guten Baumschule besorgen. Bei der Pflanzung werden die kleinen Sträucher stark zurückgeschnitten, etwa um zwei Drittel der ursprünglichen Höhe.
Streuen Sie um alle frischgepflanzten Obstgehölze nach dem Angießen Kompost und eine Mulchdecke aus. Die Baumscheiben unter älteren Obstbäumen und die Flächen unter den Beerensträuchern werden ebenfalls mit Kompost, organischem Dünger und Mulchmaterial versorgt.

Geduld trägt sichere Früchte

Im März drängt eigentlich nur der Obstbaumschnitt. Auch die Bodenvorbereitung mit Kompost und Dünger ist wichtig. Im übrigen sollten Sie im Freiland in diesen wetterlaunischen Wochen auf günstige Zeiten warten.

Im Ziergarten

Nahrung für neues Wachstum

Im März beginnt die Pflanzzeit für die meisten Stauden und Gehölze. Falls Sie im Herbst oder Spätwinter noch keinen Dünger ausgestreut haben, können Sie es jetzt noch nachholen. Rosen, Staudenbeete und Ziersträucher brauchen Nahrung für die kommenden Monate. Auch die Zwiebelblumen sollten Sie nicht vergessen. Sie werden die Vorräte, die sie in ihren braunen Bäuchen angesammelt haben, bald bei der Blüte verbrauchen. Dann müssen Sie neue Kräfte speichern, damit auch im kommenden Jahr der bunte Reigen fortgesetzt werden kann.

Zwiebelblumen-Umzug

Zwiebelblumen können Sie übrigens mit etwas Glück und Einfühlungsvermögen sogar mit Knospen im Frühling umpflanzen. Oft merkt man ja erst zur Blütezeit, daß eine Gruppe Tulpen oder ein Nest voller Krokusse an einer anderen Stelle im Garten noch reizvoller wirken könnte. Graben Sie diese Blumen vorsichtig mit großen Wurzel- und Erdklumpen aus. Sie werden am ausgesuchten Platz sofort wieder eingesenkt, mit Erde bedeckt und leicht angegossen. Wenn Sie diesen »Umzug« an einem feuchten Tag bei bedecktem Himmel durchführen, leiden die Pflanzen keinen Schaden und wurzeln schnell wieder ein.

Rosen pflanzen, schneiden, düngen

Für die Rosenpflanzungen ist die Zeit jetzt ideal vorausgesetzt, der Boden ist frostfrei. Denken Sie daran, die Wurzeln gründlich zu wässern und die Veredelungsstelle etwa 5 cm mit Erde zu bedecken. Rosen brauchen einen sonnigen, freien Standort. In dunklen Ecken kümmern sie und werden schnell krank.

Wenn keine harten Fröste mehr zu befürchten sind, entfernen Sie den Winterschutz vom Rosenbeet und häufeln die Pflanzen ab. Alle Rosen – die alteingewachsenen und die neugepflanzten – werden jetzt

Beim Rosenschnitt wird die Schere schräg über einem nach außen weisenden Auge angesetzt.

geschnitten. Kürzen Sie niemals diese schönen kleinen Blütensträucher im Herbst ein! Wenn es dann im Winter »Stein und Bein friert«, sterben die kurzen Stummeln ab. Achten Sie darauf, daß Sie stets auf ein nach außen zeigendes Auge schneiden. So verzweigt sich der Rosenstrauch locker und luftig. Grundsätzlich werden alle nach innen wachsenden Triebe und alle Äste, die sich kreuzen, entfernt. Auch die im Winter erfrorenen oder vertrockneten Zweige werden tief am Ansatz weggenommen. Schneiden Sie die Polyantha-Rosen nicht radikal zurück, Sie müssen sonst länger auf die Blüte warten. Es genügt völlig, wenn Sie die Büsche um höchstens ein Drittel einkürzen. Nur neugepflanzte Rosen müssen im ersten Jahr kräftig um etwa zwei Drittel zurückgeschnitten werden. Strauch- und Kletterrosen sollten Sie nur auslichten. Dürres Holz und überaltete Äste werden tief am Boden weggeschnitten. Eingekürzt werden diese Rosenarten nicht.

Dahlienknollen können Sie vortreiben; aus jungen Trieben lassen sich Blattstecklinge ziehen.

Gleich nach dem Schnitt sollten Sie Ihre Rosen auch düngen. Streuen Sie alle organischen Dünger möglichst an einem trüben, regnerischen Tag. Wenn der Himmel nicht anschließend für Feuchtigkeit sorgt, müssen Sie gießen. Auch Stauden und alle Beete, auf denen in wenigen Wochen Sommerblumen wachsen sollen, können Sie jetzt mit Vorratsdünger versorgen.

Stauden pflegen und pflanzen

Auf dem Staudenbeet beginnen Sie nun mit dem Frühlingsputz. Wo es nötig ist, werden verwelkte Stengel tief am Boden abgeschnitten. Lockern Sie die Erde vorsichtig, ohne die Wurzeln zu verletzen. Unkraut muß hier sehr gründlich entfernt werden. Anderenfalls haben Sie den ganzen Sommer damit Ärger. Jetzt im Frühling ist diese Arbeit viel leichter, weil zwischen den Pflanzen noch viel Platz und Bewegungsfreiheit herrscht. Bei offenem Wetter können Sie in diesem Monat bereits Stauden pflanzen. Vor allem die Herbst- und Spätsommerblüher sollten zeitig einwurzeln. Pampasgras, Chrysanthemen und Staudenastern werden nur im Frühling verpflanzt! Bei günstigem Wetter können Sie die ersten Lilienzwiebeln in die Erde legen; geeignet für die Frühjahrspflanzung sind vor allem Prachtlilien *(Lilium speciosum)* und Goldbandlilien *(Lilium auratum).*

Pflanzzeit für Sträucher und Hecken

Zier- und Wildsträucher sollten Sie jetzt gleichfalls pflanzen. Wenn Sie Container-Pflanzen wählen, können Sie sich sogar noch Frühlingsblüher mit dicken Knospen oder Blüten in den Garten holen. Dies hat den Vorteil, daß sich die Farben besonders gut einordnen lassen.

Günstig ist im zeitigen Frühling auch die Pflanzzeit für Hecken, zum Beispiel aus Liguster, Weißdorn, Kornelkirschen, Hainbuche oder Berberitzen. Schnitthecken werden dicht gepflanzt und stark, bis zu zwei Dritteln, eingekürzt. Locker gepflanzte Hecken aus heimischen Gehölzen bieten Vögeln und vielen anderen nützlichen Tieren Lebensraum und Nahrung.

Auch Kletterpflanzen brauchen Pflege

Zurückgeschnitten werden im zeitigen Frühling auch die Sommerblüher unter den Clematisarten, zum

Beispiel *Jackmannii*-Hybriden und die Züchtung 'The President'. Diese Clematis blühen am frischen neuen Austrieb. Die Frühlingsblüher, wie zum Beispiel die *Clematis-montana*-Sorten dürfen nur vorsichtig geputzt werden. Entfernen Sie lediglich dürre Zweige. Diese Clematis blühen an den einjährigen Trieben vom vorigen Jahr.
Neue Klettergewächse können Sie jetzt pflanzen, zum Beispiel Clematis, Geißblatt, Wilden Wein, Efeu, Glyzine, Kletterhortensie und Knöterich.

Blumen-Garten im Haus

Einen Teil des Frühlings-Gartens müssen Sie um diese Zeit ins Haus verlegen. Kümmern Sie sich vor allem um die »Kellerkinder«. Kübelpflanzen, Balkonblumen und Knollen, falls sie bis jetzt noch im Winterquartier dahindämmerten, müssen wieder aufgeweckt werden. Fuchsien, Geranien, Lantanen und Strauchmargeriten werden kräftig zurückgeschnitten. Schütteln Sie die alte Erde aus dem Ballen und kürzen Sie auch die Wurzeln etwas ein. Nun werden die Pflanzen in frischen Humus neu eingetopft. Verwenden Sie dazu gute käufliche Blumenerde oder mischen Sie selbst ein Substrat zu gleichen Teilen aus reifem Kompost, Sand und Rindenhumus. Auf einer hellen, warmen Fensterbank werden Ihre Balkonblumen nun wieder angetrieben.
Große Kübelpflanzen haben in der Wohnung meist keinen Platz. Sie können aber Ihren Oleander, die Bleiwurz und die Engelstrompeten schon ein wenig ausputzen und die oberste Erdschicht im Kübel durch frischen Humus ersetzen.
Knollenbegonien legen Sie in Pflanzschalen oder Töpfe, halten Sie gleichmäßig feucht und treiben sie auf der Fensterbank an. Vorgetrieben werden auch Canna und Dahlien, wenn Sie eine frühe Blüte wünschen und die jungen Blätter vor Schnecken schützen möchten. Auch einige wärmebedürftige Sommerblumen können Sie im Haus vorziehen. Säen Sie zum Beispiel Mignondahlien, Löwenmäulchen, Astern, Studentenblumen, Zinnien, Petunien, Schwarze Susanne und Glockenreben aus.
Alle Aussaaten brauchen volles Licht direkt hinter der Scheibe, Wärme und gleichmäßige Feuchtigkeit. Nur gegen Mittagshitze und pralle Südsonne müssen Sie geschützt werden. Lüften Sie öfter, damit die jungen Pflanzen sich abhärten, vermeiden Sie aber Durchzug!

Was gibt es sonst noch zu tun?

Auch das Gras im Rasen wird bald wieder sprießen. Schaffen Sie mit einem scharfen Rechnen Luft, indem Sie trockene Halme, Laub und Moos herauskratzen. Dünn ausgestreuter Kompost und etwas Algenkalk tragen anschließend zum gesunden, neuen Wachstum bei. Gehölzschnitt, Laub und Gartenabfälle können Sie für den Bau eines Hügel- oder Hochbeetes benutzen.

Naturgemäßer Pflanzenschutz

- Achten Sie beim Kauf von Obstbäumen und Beerensträuchern auf mehltau- und rostresistente Züchtungen. Schneiden Sie vorbeugend bei mehltauanfälligen Stachelbeersorten die Spitzentriebe ab.
- Rainfarn-Tee gegen Beerenobstschädlinge ausspritzen, unter anderem gegen Brombeermilben, Erdbeermilben und Johannisbeergallmilben.
- Schachtelhalm-Brühe wird ab März vorbeugend gegen Pilzerkrankungen über die Erde der Beete gesprüht.
- Knoblauch beugt Pilzinfektionen vor. Pflanzen Sie die Zehen zwischen Erdbeeren, Rosen und auf Baumscheiben.
- Bauen Sie Zwiebeln und Möhren in Mischkultur an, so vertreiben Sie Möhrenfliegen und die Zwiebelfliegen.
- Wo viele Schnecken überwintert haben, sollten Sie alle Bodendecken wegräumen. Harken Sie die Beete durch und ziehen Sie die Oberfläche anschließend mit dem Rechen glatt. Kleine Nacktschnecken werden so aufgestört und finden in der feinkrümeligen Erde keine Verstecke mehr. In kalten Nächten erfrieren die Tiere.

Das Wichtigste auf einen Blick

Säen

Warm: Schnitt- und Pflücksalat, Radieschen, Frühlingsrettich, Mairübchen, Stielmus; Frühkohlarten, Lauch, Sellerie; Tomaten, Paprika, Auberginen, Melonen; Basilikum, Majoran, Lavendel, Thymian, Rosmarin, Ysop, Eberraute, Indianernessel, Melisse, Dill, Borretsch, Kerbel, Kresse; Sommerblumen (Petunien, Mignondahlien, Glockenrebe und andere);

Freiland: Dicke Bohnen, Spinat, Möhren, Zwiebeln, Pastinaken, Schwarzwurzeln, Pahlerbsen; Petersilie, Wurzelpetersilie;

Pflanzen

Warm: Kopfsalat, Kohlrabi; Begonien, Canna, Dahlien vortreiben;

Freiland: Frühkartoffeln, Topinamburknollen, Rhabarber, Meerrettich, Knoblauchzehen; Zitronenmelisse, Beifuß, Schnittlauch, Winterheckezwiebel; Stauden, Lilienzwiebeln, Rosen, Ziersträucher, Heckengehölze, Kletterpflanzen (Clematis, Knöterich, Glyzine und andere), Obstbäume, Beerensträucher, Weinreben.

Pflege

Frühbeete bei Frost zudecken, an warmen Tagen lüften; Gemüsebeete und Baumscheiben mit Kompost und Dünger versorgen; Mulchdecken im Gemüsegarten teilweise entfernen; letzter Gehölzschnitt, Baumscheiben und Beerensträucher mulchen; Rosen und sommerblühende Clematisarten schneiden, Staudenbeete säubern, Rasen lüften; Balkon- und Kübelpflanzen umtopfen und neu antreiben.

Ernte

Letzte Wintergemüse, Salate und Kräuter; frische Winterheckezwiebel und Löwenzahnblätter.

Der Biotip des Monats

Schaffen Sie überall im Garten Lebensraum für Nützlinge: Steinhaufen, Reisighaufen, Laubdecken unter den Sträuchern, Trockenmauern und Feuchtbiotope werden bald von Leben wimmeln. So gewinnen Sie zahlreiche natürliche Helfer für die Schädlingsabwehr.

April

Der April hat noch seine Launen. Er kann plötzlich einen Schneeschauer aus dem Ärmel schütteln oder über Nacht mit einem eisigen Hauch über die frühen Blüten streifen. Trotzdem ist ein Gärtner in diesen Wochen nicht mehr zu halten. Er beginnt voller Optimismus wieder zu säen und zu pflanzen. Denn die wichtigsten Vorbereitungen für das ganze Gartenjahr werden in diesem Monat getroffen.

Gerade in den ersten Frühlingswochen bestehen aber zwischen den verschiedenen Landschaften Deutschlands große klimatische Unterschiede. Während es in den milden Weinbauzonen schon sehr warm werden kann, herrschen im Norden oder in Mittelgebirgslagen oft noch sehr viele kühlere Temperaturen. Der Frühling zieht mit ein bis zwei Wochen Verzögerung durch die Lande. Darauf sollten sich unternehmungslustige Gärtner realistisch einrichten.

Im Gemüsegarten

Beete vorbereiten

Wenn die Erde trocken und warm geworden ist, können Sie jetzt alle noch brachliegenden Beete bearbeiten. Es genügt, wenn Sie die Mulchdecken zu den Beeträndern schieben und die freien Flächen mit dem Grubber oder einem Häckchen lockern. Anschließend wird mit dem Rechen die Oberfläche feinkrümelig glattgezogen.

Beete, die noch nicht sofort bestellt werden, decken Sie wieder mit Mulchmaterial, um Feuchtigkeit und Bodenstruktur zu erhalten. Nur in schneckengeplagten Gärten bleibt die Erde ein paar Wochen lang offen liegen, bis die gefährdeten Jungpflänzchen größer und widerstandsfähiger geworden sind.

Die seesternartigen Wurzeln des Grünspargels werden auf einem Kompostbeet ausgebreitet.

Säen und Pflanzen

Im Nutzgarten herrscht jetzt Hochbetrieb. Fast alle Gemüse, die im Sommer reifen sollen, werden ausgesät oder schon auf die Beete gepflanzt. Salate, Kohlrabi und frühe Kohlarten (Blumenkohl, Spitzkohl, Wirsing und Brokkoli), die im Frühbeet vorgezogen wurden oder beim Gärtner zum Verkauf bereitstehen, können Sie schon setzen. Achten Sie darauf, daß Kohl viel Abstand braucht: 40 bis 50 cm müssen Sie schon einplanen.

Ausgesät werden jetzt die Sommerkopfsalate (Eissalat, Bindesalat, rotlaubige Kopfsalatsorten), Rettiche, Radieschen, Erbsen, Schwarzwurzeln, Rote Bete, Zwiebeln, Möhren, Mangold, Mairübchen und noch einmal Spinat. Auch an die späten Kohlsorten müssen Sie schon denken. Weißkohl, Rosenkohl, Rotkohl und Wirsing für die Wintervorräte werden jetzt gesät. Ziehen Sie aber nicht mehr Pflanzen an, als Sie auch brauchen, denn diese Gemüse beanspruchen viel Platz. Praktisch ist es, wenn Sie sich mit den Nachbarn absprechen. Dann kann der eine Wirsing anziehen, während der andere Rosenkohl sät. Wenn die Pflanzen groß genug sind, können Sie einen gutnachbarlichen Gemüsetausch über den Gartenzaun veranstalten.

Steckzwiebeln in roten oder gelben Sorten und Schalotten setzen Sie in Reihen, am besten neben Möhren und Karotten. Auch die kleinen Zwiebelchen der Etagenzwiebeln werden jetzt in die Erde gelegt.

Hier entsteht eine Frühlingsmischkultur aus Salatpflanzen, Schalotten und Lauchzwiebeln.

Ein Grünspargelbeet anlegen

Im April ist die beste Pflanzzeit für den Grünspargel, der keine Erdwälle benötigt, sondern flach über dem Boden abgeschnitten wird. Die seesternartigen fleischigen Wurzeln werden in 40 cm breiten, 25 cm tiefen Gräben auf kleinen Erdhügeln ausgelegt und mit reichlich Kompost versorgt. Die Reihen benötigen 1 m Abstand. Im dritten Jahr nach der Pflanzung beginnt die Ernte. Die Mühe lohnt sich, weil das Grünspargelbeet 10 bis 15 Jahre lang Früchte trägt.

Pflanzenvorräte im Warmen

Im Warmen vorgezogene Gemüsearten, wie zum Beispiel Tomaten und Paprika, können gegen Ende April in ein Frühbeet oder unter einen Folientunnel umziehen. Hier stehen sie zwar geschützt, bekommen aber tagsüber genügend Luft und Licht, um sich abzuhärten. So erhalten Sie gesunde, kräftige Jungpflanzen. Gurken, Zucchini, Melonen, Neuseeländer Spinat und Bleichsellerie werden in diesem Monat im warmen Frühbeet oder im Gewächshaus vorgezogen.

Kartoffeln pflanzen

Der April ist auch der »Kartoffelmonat«. In der ersten Hälfte werden die frühen und mittelfrühen Sorten gepflanzt. Der Termin ist abhängig von der Landschaft, vom Boden und vom Wetter. Die Erde sollte auf jeden Fall mindestens 7 Grad warm sein. Vorher legen Sie die Knollen besser noch nicht ins Freiland. Pflanzen Sie weit genug auseinander, damit Sie zwischen den Reihen genügend Platz zum späteren Anhäufeln haben. Die Erdäpfel gedeihen aber auch auf flachen Beeten. Bei 50 bis 70 cm Reihenabstand können Sie dann noch eine Mischkultur einplanen.

Mischkultur auf allen Beeten

Säen und pflanzen Sie alle Gemüsearten stets in abwechslungsreichen Mischkulturen. Harmonische Nachbarschaften fördern die Entwicklung und den Wohlgeschmack der Pflanzen. In zahlreichen Gemeinschaften werden auch Schädlinge und Krankheiten erfolgreich abgewehrt.

Sorgfältig werden die vorgekeimten Kartoffeln in gut vorbereitete Furchen gelegt und zugedeckt.

Im Kräutergarten

Pflanzzeit für Staudenkräuter

Jetzt können Sie einen richtigen Kräutergarten anlegen. Für alle ausdauernden Staudenkräuter ist in diesen Wochen die beste Pflanzzeit.
Dazu gehören zum Beispiel Schnittlauch, Estragon, Zitronenmelisse, Pfefferminze, Liebstöckel, Teefenchel, Origano, Thymian, Salbei, Bergbohnenkraut, Lavendel, Ysop, Eberraute und Tripmadam. Kräuter dürfen niemals stark gedüngt werden, sonst schießen sie ins Kraut und entwickeln weniger Aromastoffe. Viele Gewürzpflanzen sehen attraktiv aus und schmücken sich mit hübschen Blüten, so daß Sie sie auch zu den Zierpflanzen setzen können. Lavendel, Weinraute, Ysop und Salbei ordnen sich dort gut ein.

Kräuter aus der Samentüte

Wer genügend Zeit und Geduld hat, der kann jetzt noch zahlreiche Staudenkräuter selber im Warmen aussäen. Geeignet sind zum Beispiel Lavendel, Thymian, Salbei, Zitronenmelisse und Ysop. So gewinnt man preiswert eine Fülle würziger Pflanzen. Auch Basilikum und Majoran können hinter Glas ausgesät werden.
Robuste einjährige Kräuter säen Sie direkt auf dem Küchenbeet aus: Dill, Borretsch, Kerbel, Kresse, Salatrauke und Senf sind nicht empfindlich gegenüber den Wettereskapaden des Aprils. Zweijährig gedeihen Petersilie, Kümmel und Löffelkraut, die schon im zeitigen Frühling ins Freiland gesät werden. Versuchen Sie einmal die breitblättrige Bauernpetersilie, die viel aromatischer schmeckt als ihre krause Schwester.

Gesunde Kräuter-Mischkulturen

Älchenabwehrende Tagetes halten die Petersilie gesund. Auch Petersilie und Tomaten sind gute Partner. Neben Salat gedeiht dieses Kraut schlecht.
Gute Nachbarn sind Dill und Gurken, Bohnenkraut und Bohnen, Rosen und Lavendel.

Gesund und hübsch wirkt die Mischung aus Petersilie und Tagetes im Kräutergarten.

Wenn die Apfelbäume blühen, erreicht der Frühling einen bienensummenden Höhepunkt.

Im Obstgarten

Pflanzen, pflegen, pfropfen

Die Pflanzzeit für Obstgehölze geht zu Ende. Je früher Sie im April die kleinen Bäume und Sträucher in die Erde setzen, desto besser. Anschließend wird kräftig zurückgeschnitten und gewässert.

Bei Pfirsichbäumen können Sie jetzt die »wahren« und die »falschen« Fruchttriebe deutlich unterscheiden. Dies erleichtert die Schnittmaßnahmen.

Die im Winter geschnittenen Edelreiser werden nun zum Pfropfen benutzt.

Für Monatserdbeeren und öftertragende Erdbeersorten beginnt im April die Pflanzzeit. Diese Stauden tragen bereits im gleichen Jahr die ersten Früchte.

Bei den Obstbäumen und bei den Beerensträuchern müssen Sie jetzt darauf achten, ob Schädlinge auftreten. Denken Sie bei allen Gegenmaßnahmen daran, daß die Bienen nicht gefährdet werden und daß die Umwelt keinen Schaden leidet.

Eines der wichtigsten Mittel, um Obstbäume gesund und fruchtbar zu erhalten, ist die Pflege der Baumscheiben. Der Bereich der Kronentraufe soll nicht bewachsen sein. Halten Sie die Erde locker und feucht. Umgraben wäre hier nur schädlich, denn die feinen Saugwurzeln verlaufen größtenteils in der oberen Bodenschicht. Sie sollen sich ungestört ausbreiten. Decken Sie deshalb die Baumscheibe stets mit Kompost und einer Mulchdecke ab. Im April können Sie dafür oft schon den ersten Rasenschnitt verwenden. Geeignet sind aber auch kleingeschnittene Gartenabfälle oder Laub. Diese Mulchschicht wird während des Sommers immer wieder erneuert.

Im Ziergarten

Stauden für prächtige und für »wilde« Beete
Jetzt ist die günstigste Zeit gekommen, um ein neues Staudenbeet anzulegen. Überlegen Sie sich aber vorher, ob Sie ein farbenfrohes Prachtstaudenbeet haben möchten oder eine Wildstaudenpflanzung, die Ihrem Garten einen natürlichen Charakter verleiht. Prachtstauden brauchen viel Pflege. Sie müssen ausgeputzt, zurückgeschnitten, gedüngt und gewässert werden. Der Boden auf diesem Beet bleibt offen. Sie müssen deshalb immer wieder Unkraut jäten und die Erde lockern. Dafür bietet eine solche Rabatte die herrlichste Blütenfülle vom Frühling bis zum späten Herbst. Sie haben in den Staudengärtnereien die große Auswahl: Primeln, Gemswurz, Nelken, Iris, Türkenmohn, Rittersporn, Margeriten, Phlox, Sonnenhut, Sonnenbraut, Staudenastern, Chrysanthemen und viele andere.
Wildstauden werden dagegen immer mit passenden Teppichstauden kombiniert. Mit der Zeit wächst eine solche Pflanzung so dicht zusammen, daß eine natürliche Bodendecke entsteht. Unkraut kann nicht mehr durchdringen, und die Bodenfeuchtigkeit wird geschützt. Natürlich müssen die Partner einer solchen Pflanzengemeinschaft gut zusammenpassen. So gedeihen zum Beispiel an heißen, trockenen Plätzen Thymian, Katzenminze, Heide, Zierdisteln, Königskerzen, Lampenputzergras und Strandhafer. Feuchtigkeit und Halbschatten lieben dagegen Farne, Waldgräser, Fingerhüte, Eisenhut, Astilben, Waldglockenblumen, Akeleien, Veilchen und Lungenkraut. Gute Staudengärtnereien halten auch eine große Anzahl an Wildstauden für Sie bereit. Lassen Sie sich beim Einkauf beraten, welche Pflanzen »gute Nachbarschaft« untereinander halten.

Pflanzung der Stauden
Für die Pflanzung aller Stauden sollten Sie einen trüben, feuchten Nachmittag wählen. Diese Witterung erleichtert den Pflanzen den Umzug und das Anwachsen. Bei Sonnenschein verdunsten sie zu viel Wasser, das sie durch die gestörten Wurzeln noch nicht wieder genügend auffüllen können. Eine Art pflanzlicher »Kreislaufkollaps« ist dann die traurige Folge. Gießen Sie die »Neulinge« kräftig an. In

Die schönsten Sommerblumen können Sie selber säen: Löwenmäulchen (ganz links), Zinnien und Seidenmohn (oben), Kosmeen und Trompetenzungen (unten). Akeleien (ganz unten) samen sich gern allein aus.

heißen, trockenen Frühlingswochen müssen Sie alle Pflanzungen und auch die Saatbeete stets rechtzeitig und gründlich wässern. Das gleiche gilt auch für Ziersträucher, Kletterpflanzen und für Rosen, die jetzt im April noch gepflanzt werden können.

Sommerblumen säen

Besondere Aufmerksamkeit verdienen in diesen Wochen auch die einjährigen Sommerblumen-Schönheiten. Mit ein paar Samentüten und wenig Geld können Sie Ihren Garten in ein Blütenmeer verwandeln. Im Freiland, direkt an Ort und Stelle, säen Sie schon im April Ringelblumen, Jungfer im Grünen, Wicken, Atlasblumen, Trichtermalven, Gartenkornblumen, Kokardenblumen, Seidenmohn, Reseda, Schleierkraut, Schleifenblumen, Schmuckkörbchen und Sommerfuchsien.

Astern, Löwenmäulchen, Skabiosen und Zinnien sollten Sie besser im geschützten Frühbeet, im Gewächshaus oder auf der Fensterbank vorziehen. Sie blühen dann früher und bereiten Ihnen länger

Freude. Auch einjährige Kletterkünstler wie Glockenreben und Schwarze Susanne keimen und wachsen nur an einem warmen Platz.
Mit den einjährigen Sommerblumen können Sie bunte Schnittblumenbeete anlegen, Lücken in der Rabatte füllen oder einen farbenfrohen Blütenkranz um den Nutzgarten schlingen.

Zwiebelblumen für die Sommerzeit

Wunderschöne Sommerblüher wachsen aus Zwiebeln, die in jedem Frühling aufs neue in die Erde gelegt werden müssen. Bekannt und beliebt sind seit Generationen die Gladiolen. Pflanzen Sie die etwas steif wirkenden Blumen stets in Gruppen oder separat auf ein Schnittblumenbeet. Seltener aber sehr reizvoll sind kleine Zwiebelblumen, wie Montbretien, Ranunkeln, Pfauenlilien, Freesien oder Milchstern *(Ornithogalum)*. Auch die Zwiebeln der Lilien, der Holländischen Iris und die Wurzelknollen der altmodischen Wunderblume *(Mirabilis jalapa)* können Sie jetzt im April in die Erde legen.

Der Lorbeer darf früh an die frische Luft, weil ihm leichter Frost nicht schadet.

Wer die rosenförmigen Blüten der Ranunkeln liebt, muß die Knöllchen jetzt in die Erde legen.

Frische Luft für Kübelpflanzen und Balkonblumen

Wo es möglich ist, sollten Sie im April Ihren Kübelpflanzen reichlich frische Luft verschaffen und sie so auf den Umzug ins Freiland vorbereiten. Durch offene Fenster dringen Sonnenstrahlen und Sauerstoff in die Räume. Noch besser wäre beim schönem Wetter ein Zwischenaufenthalt im Freien. Auf dem Balkon, auf der Terrasse oder an einer geschützten Hauswand können die Pflanzen aufgestellt und bei Frostgefahr abgedeckt oder wieder ins Haus geholt werden. Oleander, Lorbeer und Kamelien vertragen sogar 1 bis 3 Grad Kälte ohne Schaden.

Was gibt es sonst noch zu tun?

Die Gräser sprießen

In warmen Aprilwochen wächst auch schon das Gras. Dann können Sie zum ersten Mal zum Rasenmäher greifen. Leicht angetrocknet dient dieser Grasschnitt als Mulch zwischen jungen Saaten. Streuen Sie an einem trüben Tag einen organischen Langzeitdünger über Ihren grünen Teppich. Wenn der Himmel nicht anschließend gießt, müssen Sie allerdings selbst den Wassersprenger anstellen, damit die Nährstoffe gleichmäßig in den Wurzelgrund eindringen.

Bei günstiger Witterung können neue Rasenflächen angelegt werden. Auch für die Aussaat einer bunten Wildblumenwiese ist die Zeit gekommen.

Bereiten Sie möglichst viele Gefäße vor, um den Frühlingsregen einzufangen. Sie werden das himmlische Naß noch oft zum Gießen benötigen.

Naturgemäßer Pflanzenschutz

- Planen Sie schädlingsabwehrende Mischkulturen ein.
- Sammeln Sie regelmäßig Schnecken, vor allem bei feuchtem Wetter. Junge Pflänzchen durch dicke Sägemehlringe, Fichtennadelstreu, Bierfallen oder Schneckenzäune schützen.
- Erdflöhe an Radieschen und Kohlpflanzen mit Feuchtigkeit vertreiben: gießen und mulchen.
- Möhren, Zwiebeln, Lauch und Kohlarten mit Spezialnetzen rechtzeitig zudecken und so vor Gemüsefliegen schützen.
- Gegen Kohlhernie Algenkalk ins Pflanzloch streuen.
- Mit Schachtelhalm-Brühe vorbeugend gegen Pilzerkrankungen spritzen: Obstbäume, Beerensträucher, Erdbeeren und Rosen.

Ein Schneckenzaun und Bierfallen schützen die zarten Jungpflanzen vor den hungrigen Kriechtieren.

Das Wichtigste auf einen Blick

Säen

Warm: Gurken, Zucchini, Melonen, Bleichsellerie, Neuseeländer Spinat;
Basilikum, Majoran, Staudenkräuter (Lavendel, Thymian, Zitronenmelisse und andere);
Sommerblumen (Löwenmäulchen, Zinnien, Astern, Schwarze Susanne, Glockenreben und andere);

Freiland: Späte Kohlarten, Sommersalate, Rettich, Radieschen, Erbsen, Schwarzwurzeln, Rote Bete, Zwiebeln, Möhren, Mangold, Mairübchen, Spinat;
Dill, Borretsch, Kerbel, Kresse, Salatrauke, Senf, Petersilie, Kümmel, Löffelkraut;
einjährige Sommerblumen (Wicken, Reseda, Ringelblumen, Schmuckkörbchen und andere);
Rasen, Wildblumenwiese.

Lauch und Möhren wehren sich gegenseitig schädliche Fliegen ab.

Pflanzen

Freiland: Kopfsalat, Kohlrabi, Frühkohlarten, Grünspargel, Kartoffeln;
Staudenkräuter (Estragon, Zitronenmelisse, Pfefferminze und andere);
Rosen, Ziersträucher, Kletterpflanzen, Pracht- und Wildstauden, Zwiebelblumen (Lilien, Gladiolen, Montbretien und andere);
Obstbäume, Beerensträucher, Monatserdbeeren, öftertragende Erdbeeren.

Pflege

Gemüsebeete vorbereiten, Baumscheiben mulchen, Pfirsichbäume schneiden, Pfropfen;
Balkon- und Kübelpflanzen an die frische Luft gewöhnen; Frühbeete, Folientunnel und Gewächshäuser lüften;
Rasen schneiden.

Ernte

Pflücksalat, Kräuter und Kohlrabi unter Glas oder Folien;
Sauerampfer, Schnittlauch, Winterheckezwiebel, Pimpinelle;
Rhabarber.

Der Biotip des Monats

Schädlingsabwehrende Mischkulturen ersparen Ihnen viel Arbeit und Ärger:

- Tomaten oder Sellerie lenken Kohlweißlinge vom Kohl ab.
- Möhren neben Zwiebelgewächsen verscheuchen Möhren- und Zwiebelfliegen.
- Bohnenkraut zwischen Bohnen hilft gegen die Schwarze Bohnenlaus.
- Knoblauch schützt Erdbeeren, Rosen und Obstgehölze vor Pilzinfektionen.

Mai

Einer der schönsten aber auch arbeitsreichsten Monate des ganzen Gartenjahres ist der Mai. Nicht umsonst wird er der Wonnemonat genannt. Er verwöhnt uns mit duftendem Flieder und berauschender Baumblüte, mit langstieligen Darwintulpen, leuchtenden Blütenteppichen im Steingarten und den ersten würzigen Kräutern.
Aber auf allzu viel himmelblaue Sanftmut sollte kein Gartenfreund vertrauen. Der liebliche Kalendermonat Mai hält die Eisheiligen in der Hinterhand. Wer sich durch warme Sonnentage zu früh verlocken ließ, der mußte es schon manches Mal mit erfrorenen Dahlientrieben und verdorbenen Tomatenpflanzen bezahlen. Halten sie es also mit der guten alten Regel: Alles, was Wärme braucht, darf erst nach dem 20. Mai ins Freiland. Und nehmen Sie es im übrigen wie es kommt – milde Frühlingstage, kalte Nächte und warme Gewitterregen.

Im Gemüsegarten

Warme Erde für Gurken und Bohnen

Gurken und Bohnen können ab der ersten Maihälfte im Freiland ausgesät werden. Bis die Keimblätter die Erde durchbrechen, sind die kalten Nächte meist vorbei. In rauhen Landschaften oder wenn der Frühling kalt und naß ausfällt, sollte man mit den wärmeliebenden Gemüsekulturen im Freiland besser bis zur zweiten Maihälfte warten. Die Samen faulen sonst leicht in der Erde; Keimlinge stocken im Wachstum und werden in dieser Phase anfällig für Krankheiten und Schädlinge.

Woll- oder Feuerbohnen sind unempfindlicher gegenüber unfreundlichen Temperaturen. Sie eignen sich gut für Höhenlagen. Buschbohnen und Stangenbohnen lassen sich leicht in Töpfen vorziehen. Legen Sie Anfang Mai 2 bis 3 vorgequollene Körner in Blumentöpfe. Im Warmen keimen die dicken Samen rasch. Ende Mai bis Anfang Juni können Sie dann kräftige Pflanzen aufs Beet setzen.

Wo der Mai oft noch kalt ist, ziehen Sie auch die Gurken besser in Töpfen vor. In den ersten Freilandwochen können Sie diese Pflanzen unter einem wärmenden Folientunnel weiter vor einem Temperaturschock behüten. Auch im leergewordenen Frühbeet ist dieses wärmeliebende Gemüse gut aufgehoben.

Gurken müssen übrigens nicht unbedingt über den Boden kriechen. An einem einfachen Rankgitter klettern sie bereitwillig in die Höhe. Sie ernten dann saubere Früchte und behalten einen besseren Überblick.

Saatbeete

Säen Sie noch einmal Schnitt- oder Pflücksalat aus, der im Lauf der nächsten Monate manche Erntelücke ausfüllt. Sommerkopfsalate und Römischen Bindesalat (Sommerendivie) säen Sie am besten mit zweiwöchigem Abstand in kleinen Portionen aus. Auch Kohlrabi wird noch öfter gebraucht. Für frische Brokkolipflänzchen ist noch Zeit, bei Rosenkohl und Grünkohl müssen Sie sich schon beeilen.

Erste Lücken auf den Beeten können mit Radieschen, Sommerrettich und Spinat gefüllt werden. Auch für die Chicorée-Aussaat wird es jetzt Zeit.

Anfang Mai können noch Nachzügler auf die Beete gesät werden, die im April aus Zeit- oder Witterungsgründen liegengeblieben sind: Mark- und Zuckererbsen, Mangold, Melde, Steckzwiebeln, Schalotten, Karotten und Rote Bete.

Gegen Ende Mai sind späte Möhrensorten und Winterlauch an der Reihe. Neue schoßfeste Fenchelzüchtungen können ebenfalls schon gegen Ende Mai gesät werden.

Mai-Kartoffeln wachsen schneller

In Mittelgebirgslagen und anderen kühlen Landschaften ist es sicherer, die Kartoffeln erst im Mai in die Erde zu legen. Sie wachsen dann schneller und gesünder als in naßkalten Aprilwochen. Auf Frühkartoffeln muß man zwar verzichten, aber die mittelfrühen und späten Sorten gedeihen bei Maipflanzung ausgezeichnet. Die Erntezeit verlagert sich in den frühen Herbst, der mit sonnig-trockenem Wetter oft ideale Bedingungen bietet.

Sonnenplätze für Südländer

Nach dem 20. Mai dürfen alle Gemüse aus südlichen Ländern in den Garten umziehen: Tomaten, Zucchini, Gemüsepaprika, Zuckermais und Artischocken. Geben Sie ihnen warme, geschützte Plätze, damit

Vorgezogene Buschbohnen sind weniger durch Schnecken gefährdet und bringen frühe Ernten.

Eine Maidelikatesse: Stielmus (oben). Links von oben nach unten: Stangenbohnen mit Sägemehl zur Schneckenabwehr, Frühlingsbeete, Zucchini und Spinat.

sie gut gedeihen. Melonen und Auberginen sind besonders wärmebedürftig. Das Sonnenangebot deutscher Sommer reicht dafür meist nicht aus. Ziehen Sie diese Früchte entweder im freigewordenen Frühbeet oder noch besser im Gewächshaus heran.

Zupfen und Häufeln

Trotz der vielen Arbeit sollten Sie gelegentlich einmal bei den Möhren, Schwarzwurzeln und Roten Beten vorbeigehen. Wo die Aussaat zu dicht steht, ziehen Sie einige Pflanzen heraus. Um so besser wachsen dann die übriggebliebenen, die genügend Platz finden. In der zweiten Maihälfte pflanzen Sie Knollensellerie und frühen Lauch aus. Frühkartoffeln und Erbsen können Sie schon anhäufeln.

Frische Mai-Delikatessen

Wer früh unter Folien gesät und gepflanzt hat, der kann im Mai schon den ersten Salat mit Dillblättchen, Kresse und Schnittlauchgrün genießen. Auch Radieschen und Spinat, Mairübchen und Stielmus sind schon erntereif.

Im Kräutergarten

Kein Wunsch bleibt offen: Säen und Pflanzen

Der Mai ist die große Zeit des Kräutergartens. Alle ausdauernden Arten können noch ausgepflanzt werden. Sie bekommen sie meist gut durchwurzelt in kleinen Töpfen zu kaufen. Gärtnereien und Gartencenter bieten heute eine erfreulich vielseitige Auswahl von Würzpflanzen an. Vor ein paar Jahren mußte man danach noch lange suchen oder sich die Stauden per Post schicken lassen. Nützen Sie dieses Angebot, denn Sie werden an den ausdauernden Pflanzen wie Thymian, Salbei, Bergbohnenkraut, Melisse und Estragon noch lange Freude haben.

Aus der Samentüte säen Sie die einjährigen Kräuter im Mai direkt an Ort und Stelle: Für Majoran, Bohnenkraut und Portulak ist die Erde jetzt warm genug. Auch Kresse, Dill, Salatrauke und Kerbel können Sie noch einmal nachsäen. Das wärmebedürftigste Kraut, das Basilikum, sollte immer im Zimmer oder Gewächshaus vorgezogen werden. Verpflanzen Sie nur einen Teil der Jungpflanzen an eine geschützte Stelle im Freiland. Behalten Sie stets einige Töpfe mit Basilikum auf der Fensterbank in Reserve. Dort gedeiht es in naßkalten Sommern viel besser als im Garten.

Im Obstgarten

Nahrung und Bodendecken

Wenn die Obstbäume reichlich angesetzt haben, können Sie eine flüssige Zusatzdüngung aus Brennnessel-Jauche gebrauchen, die über der Baumscheibe ausgegossen wird. Mulchen Sie diese offenen Flächen stets sorgfältig, damit der Boden feucht bleibt. Auch unter allen Beerensträuchern sollten Sie Grasschnitt, gehacktes Stroh, Laub oder zerkleinertes Unkraut als schützende Bodendecke ausbreiten.

Unter den Obstbäumen können Sie die Baumscheibe auch mit einem lebendigen Teppich aus Kapuzinerkresse zudecken. Diese Pflanze hilft gegen Blutläuse und Schwarze Läuse. Steinklee oder Senfsaat eignen sich ebenfalls für Baumscheiben. An Stellen, die im Herbst für neue Obstpflanzungen vorgesehen sind, sollten Sie jetzt zur Bodenverbesserung Gründüngung einsäen, zum Beispiel Lupinen oder Kleearten.

Erdbeeren pflanzen und pflegen

Monatserdbeeren und öftertragende Sorten können Anfang Mai noch gepflanzt werden. Auf den vorhandenen Erdbeerbeeten decken Sie den Boden zwischen den Reihen mit Stroh ab. So bleiben die Früchte sauber; Schnecken werden abgewehrt, weil sie zwischen den starren, trockenen Halmen schlecht vorwärtskommen. Besonders reichblühende Erdbeerstauden kennzeichnen Sie rechtzeitig als Mutterpflanzen. Davon nehmen Sie später die »Kindl« ab, um Ihre Bestände zu vermehren.

Die Arbeit drängt – vergessen Sie trotzdem nicht, die frische Blütenfülle des Frühlings zu genießen.

Im Ziergarten

Freie Bahn für Stauden und Sommerblumen
Zum Monatsbeginn können Sie noch diejenigen Stauden pflanzen, die erst im Sommer oder Herbst blühen. Alle Pflanzen, die in Töpfen angeboten werden, lassen sich problemlos bis Ende Mai oder sogar bis Anfang Juni versetzen. Achten Sie bei warmen Wetter darauf, daß die Pflanzstellen immer feucht bleiben. Auch die Knollen der Dahlien werden jetzt in die Erde gelegt. Bis sich die ersten zarten Triebe an der Oberfläche zeigen, sind die gefährlichen Eisheiligen vorüber.
Vorgetriebene Dahlien sollten vorsichtshalber erst nach dem 20. Mai ausgepflanzt werden. Schlagen Sie gleich einen Stock in den Boden, an dem Sie die Büsche mit den schweren Blüten später festbinden. Auch alle anderen hochwachsenden Stauden bekommen Stützstäbe.
Alle sommerblühenden Zwiebelblumen werden nun an Ort und Stelle gepflanzt. Gladiolen, Montbretien, Holländische Iris und Pfauenlilien gehören dazu. Im Freiland können Sie nun auch alle einjährigen Sommerblumen aussäen, für die der April noch zu kalt war. Kapuzinerkresse wächst rasch und blüht monatelang bis zum ersten Frost. Wer für die langen Ranken keinen Platz hat, der kann die buschigen Sorten wählen.
Ab Mitte Mai pflanzen Sie die vorgezogene Löwenmäulchen, Zinnien, Astern und Levkojen ins Freiland. Zu dichte Aussaaten von Sommerblumen, die gleich an Ort und Stelle ausgestreut wurden, sollten Sie jetzt vereinzeln. Die überzähligen Pflanzen – soweit sie kräftig entwickelt sind – können Sie auf andere Beete verteilen oder den Nachbarn schenken. Alle Sommerblumen lieben sonnige Standorte.

Pfingstrosen müssen nicht immer dickgefüllt sein. Es gibt auch Sorten mit schönen offenen Schalenblüten. Mit den letzten Maitulpen beginnt die herrliche Zeit der Irisblüte.

Frühjahrsputz bei Blütenpflanzen
Mandelbäumchen müssen nach der Blüte kräftig zurückgeschnitten werden. Bei Rhododendren und

Azaleen brechen Sie die verwelkten Blütenstände vorsichtig heraus. Die Stengel verblühter Tulpen, Narzissen und anderer Frühlingsblüher werden abgeschnitten. Das Laub muß erhalten bleiben, bis es seine Funktion erfüllt hat und von selbst abstirbt. Schling- und Kletterpflanzen werden ausgeputzt und festgebunden. Efeu und Knöterich müssen zurückgeschnitten werden, wo sie zu stark wachsen.

Pflanzzeit für Rhododendren und Nadelgehölze

Noch können Rhododendren und Azaleen gepflanzt werden. Da diese Pflanzen einen kompakten Wurzelballen besitzen und fast immer in Containern angeboten werden, lassen sie sich auch in voller Blüte versetzen. Sie können dann die Farben und Formen gut im Garten einordnen. Rhododendren und Azaleen lieben saure Erde. Füllen Sie das Pflanzloch mit Laubkompost und Rindenhumus.

Beste Pflanzzeit ist jetzt für die immergrünen Nadelgehölze.

Auf Balkon und Terrasse wird es wieder bunt

Nach dem 15. Mai können Sie alle Balkonkästen unbesorgt bepflanzen. Geranien, Fuchsien, Strauchmargeriten, Verbenen, Heliotrop, Salvien, Petunien, Pantoffelblumen und viele andere stehen in großer Fülle zur Auswahl. Lassen Sie sich aber nicht blindlings verlocken. Denken Sie rechtzeitig daran, daß sich auf sonnigen Balkonen Geranien, Margeriten und Petunien besonders wohlfühlen. Fuchsien würden dagegen unter der Wärme und der Lichtfülle leiden. Pflanzen Sie sie ebenso wie Begonien in den Halbschatten.

Auch die Kellerkinder im Kübel dürfen nun endlich wieder an die frische Luft: Rosmarin, Hochstämm-

Engelstrompeten und andere Kübelpflanzen ziehen im Mai in den Garten um. Auch Zimmerpflanzen, wie Alpenveilchen und Duftblattgeranien, verbringen den Sommer gern im Freien.

Bunt und fantasievoll ist dieser Kasten bepflanzt. Duftsteinrich, Ziertabak, Verbenen, Blaue Gänseblümchen und Pantoffelblumen wachsen dicht zusammen.

chen von Latanen und Strauchmargeriten, Bleiwurz, Engelstrompeten, Agaven und allen anderen Südländer. Der Oleander verträgt sogar einige Grad Frost und braucht sich deshalb vor den Eisheiligen nicht zu fürchten.
Ab der letzten Maiwoche dürfen auch lufthungrige Zimmerpflanzen, zum Beispiel Blattkakteen, Azaleen, Kamelien, Myrten, Duftblattgeranien, Alpenveilchen und Orangenbäumchen zum Sommerurlaub in den Garten umziehen.

Was gibt es sonst noch zu tun?

Die Zeit für die Anlage eines neuen Rasens oder einer Wildblumenwiese ist sehr günstig. Frische Aussaaten müssen gleichmäßig feucht gehalten werden!
Im Mai können Sie auch ein Feuchtbiotop mit Teich anlegen.
Sammeln Sie Brennesseln und Wildkräuter für die Jauchentonne.
Der Kompostplatz sollte nach dem Verteilen der Vorräte wieder ordentlich hergerichtet werden für die Abfälle, die beim Jäten und Schneiden bald wieder anfallen.

Naturgemäßer Pflanzenschutz

- Schnecken tauchen oft in Scharen auf. Sammeln Sie die Tiere am Abend regelmäßig; unter alten Brettern und feuchten Säcken sind sie auch morgens leicht zu finden. Schutzstreifen aus Sägemehl, Sand, Steinmehl oder Fichtennadeln wirken abwehrend, Bierfallen locken an. Schneckenzäune schützen junge Aussaaten sehr gut.
- Läuse mit Wasser abspritzen; Bei stärkeren Plagen Rainfarn- oder Wermut-Tee sprühen. Nützlinge fördern: Ohrwurmgehäuse und Insektenwohnungen aufhängen.
- Gegen Erdflöhe hilft feuchter Boden: Gießen und Mulchen.
- Gemüsefliegennetze rechtzeitig über Zwiebel-, Möhren-, Lauch- und Kohlbeete breiten.
- Schachtelhalm-Brühe vorbeugend gegen Pilzerkrankungen spritzen: bei Mehltau, Grauschimmel und Rost. Rostkranke Blätter sofort entfernen. Mehltau an den Zweigspitzen der Stachelbeeren und Monilia an Sauerkirschen abschneiden und verbrennen. So kann die Ausbreitung der Infektion eingedämmt werden.
- Apfelblütenstecher und Apfelwickler werden mit Wellpappstreifen gefangen, die um die Stämme gewickelt werden.
- Ab Mitte Mai Gelbtafeln gegen die Kirschfruchtfliege in die Bäume hängen (nur im Süden nötig!).
- Gegen Weiße Fliegen im Gewächshaus helfen käufliche Nützlinge (Schlupfwespen) oder Gelbe Leimtafeln. Besser: Vorbeugen durch Lüften, Pflanzen nicht zu eng setzen!

Das Wichtigste auf einen Blick

Säen

Freiland: Gurken, Bohnen, Sommersalate, Schnitt- und Pflücksalat, Radieschen, Rettich, Kohlrabi, Brokkoli, Rosenkohl, Grünkohl, Mark- und Zuckererbsen, Mangold, Spinat, Melde, Karotten, Rote Bete, Winterlauch, Wintermöhren, Fenchel (nicht schießende Züchtungen), Chicorée;
Majoran, Bohnenkraut, Portulak, Dill, Kresse, Salatrauke, Kerbel;
Kapuzinerkresse und andere einjährige Sommerblumen;
Rasen, Blumenwiese.

Pflanzen

Freiland: Gurken, Bohnen, Salate, Kohlrabi, Kohlarten, Sellerie, Lauch, Steckzwiebeln, Schalotten, Kartoffeln;
Tomaten, Zucchini, Paprika, Zuckermais, Artischocken, Auberginen;
Staudenkräuter, vorgezogene einjährige Kräuter;
Stauden, Dahlien, vorgezogene Sommerblumen, Zwiebelblumen (Gladiolen, Montbretien und andere), Balkonblumen, Rhododendren, Nadelgehölze;

Warm: Gurken, Tomaten, Paprika, Auberginen, Melonen;
Basilikum.

Pflege

Zu dichtstehende Aussaaten ausdünnen; Kartoffeln und Erbsen anhäufeln.
Kübelpflanzen und Zimmerpflanzen im Freien gießen. Verblühte Frühlingsblumen abschneiden; Mulchdecken erneuern; Mandelbäumchen schneiden. Wenn Nachtfrost droht, kleine Obstgehölze mit Tüchern oder Folien zuhängen. Auch den Oleander kann man bei stärkerem Frost so schützen. Stülpen Sie Eimer oder Einmachgläser vor kalten Nächten über gefährdete Jungpflanzen.

Ernten

Salat, Radieschen, Kohlrabi, Mairübchen, Stielmus, Spargel, frische Kräuter.

Der Biotip des Monats

Brennessel-Jauche

Jetzt wächst frisches Brennesselgrün. Füllen Sie reichlich kleingeschnittenes Kraut in eine Tonne. Wasser darüber gießen, bis alles bedeckt ist und jeden Tag umrühren. Ab und zu eine Hand voll Steinmehl über die Oberfläche streuen, so binden Sie unangenehme Gerüche. Nach 10 bis 20 Tagen, bei warmem Wetter geht es am schnellsten, klärt sich die Brühe. Die fertige Brennessel-Jauche wird 1:10 verdünnt und als flüssige Nahrung an die Wurzeln der Pflanzen gegossen. Diese natürliche, preiswerte Nährlösung eignet sich für Gemüse, Obst und Blumen. Ausgenommen: Bohnen, Erbsen, Zwiebeln und Knoblauch.

Juni

In diesem Monat beginnt der Sommer. Die arbeitsreichen Frühlingswochen sind vorbei, jetzt haben Gartenfreunde auch wieder ein wenig Zeit, die Früchte ihrer Mühen zu genießen. Auf den Gemüsebeeten und im Obstgarten reifen die ersten Ernten heran. Im Ziergarten blühen die Rosen und viele herrliche Frühsommerstauden. Üppiges Wachstum ist das Kennzeichen dieser Wochen.
Im Juni kann aber auch eine erste Hitzewelle dem Gärtner zu schaffen machen. Dann ist es gut, wenn Sie reichlich abgestandenes, warmes Wasser zum Gießen bereit haben.

Im Gemüsegarten

Ernte und neue Pflanzung

Die meisten Beete sind jetzt bepflanzt und wachsen von Woche zu Woche dichter zu. Aber schon sorgen die ersten Ernten für Lücken, die wieder gefüllt werden müssen. Kohlrabi, Dicke Bohnen, früher Blumenkohl, Spitzkohl und Frühwirsing wandern in die Küche. Kopf- und Pflücksalat gibt es schon reichlich, ebenso Radieschen und Rettich. Spargelbeete liefern ebenfalls reiche Ernten. Auch Rhabarber gibt es noch.

In günstigen Lagen reifen in der zweiten Junihälfte die ersten Frühkartoffeln. Pflanzen Sie in die nach und nach freiwerdenden Reihen Rosenkohl und Grünkohl.

Der 24. Juni ist der Stichtag, um die Spargel- und die Rhabarberernte zu beenden.

Wer rechtzeitig Sommerkopfsalat, Eissalat und Römischen Salat ausgesät hat, der kann jetzt laufend Pflanzen versetzen. Anfang Juni ist noch Zeit, Lauch, Sellerie und späte Kohlarten zu pflanzen.

Säen für Herbst und Winter

Für die Aussaat im Juni eignen sich noch Buschbohnen, Möhren, Rettiche und Radieschen. Pflücksalat ist ein guter Lückenbüßer, der überall Platz findet. Vor allem dürfen Sie nicht den Zeitpunkt für die wichtigen Wintersalate Radicchio und Zuckerhut

Im Juni wächst alles rasch und üppig. Die Reihen zwischen den Mischkulturen schließen sich. Dicke Bohnen bringen eine köstliche Ernte (oben).

Die Geiztriebe der Tomaten entstehen in den Blattachseln; sie werden regelmäßig ausgebrochen.

verpassen. Auch für Endivien, späte Kohlrabisorten und Winterlauch sollten Sie in diesem Monat ein Plätzchen auf dem Saatbeet reservieren.
Schließlich werden ab Juni auch die normalen Knollenfenchelsorten gesät, die bei früherer Kultur schießen würden.

Pflegearbeiten

Sorgen Sie bei Möhren, Roten Beten, Rettichen und Schwarzwurzeln für genügend große Abstände. Oft können Sie die herausgezupften Pflanzen sogar schon in der Küche verwenden. Für Erbsen, Buschbohnen, Kohl, Lauch und späte Kartoffeln ist es gut, wenn sie jetzt angehäufelt werden.
Tomaten müssen Sie nun regelmäßig entgeizen und hochbinden. Sie brauchen in den kommenden Hauptwachstumswochen viel Wasser und flüssige Zusatzdüngung. Mulchen Sie unter den Tomaten den Boden mit Beinwellblättern.
Jetzt können Sie Ihre selbstangesetzte Brennessel-Jauche überall im Garten verteilen.
Wo der Boden durch schwere Gewitterregen zusammenschlagen wurde, müssen Sie die Oberfläche sobald wie möglich wieder lockern. Mulchdecken verhindern solche Schäden.
Im Juni wächst auch das Unkraut schnell und üppig. Reißen Sie es rechtzeitig heraus, bevor junge Pflanzen überwuchert werden. Das Kraut dient als wertvolles Mulch- und Kompostmaterial.

Im Kräutergarten

Säen und Ernten

Auf den Kräuterbeeten sieht es in diesem Monat schon grün und ein bißchen bunt aus. Säen Sie noch öfter raschwachsende einjährige Gewürzkräuter wie Kerbel, Kresse, Bohnenkraut, Dill, Salatrauke und Borretsch aus.
Geerntet werden jetzt vor allem frische Würzkräuter für die Küche: Schnittlauch, Petersilie, Kerbel, Dill, Borretsch, Salatrauke, Pimpinelle, Zitronenmelisse, Estragon und Sauerampfer.
Zum Trocknen können Sie schon ein paar Zweigspitzen vom Salbei schneiden, bevor die langen Rispen mit den blauen Blüten erscheinen. Auch Thymian sollte kurz vor der Blüte geerntet werden, wenn Sie das Kraut trocknen möchten. Schneiden Sie nie zuviel von den ausdauernden Staudenkräutern, damit sie sich erholen und weiter treiben können.

Die Lavendelblüte lockt Bienen, Hummeln und Schmetterlinge an. Schneiden Sie jetzt auch duftende Blütensträußchen zum Trocknen.

Im Obstgarten

Gesunde Erdbeeren

Der Juni gehört vor allem den Erdbeeren. Legen Sie möglichst Stroh zwischen die Pflanzenreihen, dann bleiben die roten Früchte auch bei Regenwetter sauber. In heißen Zeiten reifen die Beeren besonders süß. Die Pflanzen brauchen dann aber zusätzlich Feuchtigkeit. Gießen Sie stets direkt in den Wurzelbereich. Nasse Erdbeerpflanzen sind von Pilzkrankheiten bedroht. Besonders reichtragende Pflanzen kennzeichnen Sie für die Vermehrung.

Pflege der Obstgehölze

Mit dem sogenannten Junifall helfen sich viele Obstbäume von selbst gegen zu reichen Fruchtansatz. Sollten Ihre Spindelbüsche, vor allem die Äpfel, dennoch zu viele Früchte behalten, dann müssen Sie per Hand noch einmal nachlesen und kleine Äpfelchen zugunsten der größeren herauspflücken.

Im Juni ist es Zeit für den Sommerschnitt der Weinreben und der jungen Obstbäume. Versorgen Sie alle Baumscheiben regelmäßig mit Mulchmaterial. Dann bleibt der Boden auch in heißen Wochen länger feucht und locker. Die Bäume können dann ihre Früchte besser und gleichmäßiger ernähren.

Wer Stroh zwischen den Erdbeerreihen auslegt, der kann saubere, gesunde Früchte ernten. Schnecken werden abgehalten, die Fäulnisgefahr vermindert.

Im Ziergarten

Stützen und Putzen

Allzu oft beschert der Juni uns statt der erhofften Wärme kühlen Dauerregen. Die schwere Nässe drückt dann die herrlichen Blüten der Stauden zu Boden. Sorgen Sie deshalb möglichst frühzeitig für stützende Stäbe und Schnüre. Dazu sollten Sie möglichst natürliches Material verwenden. Bambus- oder Holzstäbe fallen im Gartenbild nicht als Fremdkörper auf. Bei großen Stauden schlagen Sie die Stützen in den Boden. Zuerst binden Sie im unteren Bereich Bast oder eine Hanfkordel kreisförmig fest. Später folgt eine Schnur im mittleren Bereich. Dieses »Stützkorsett« sollte möglichst nahe an den Pflanzen stehen, dann überwachsen die Blätter bald die Konstruktion. Die »Technik« wird unsichtbar, aber die Stauden halten Regen und Wind stand. Sie »machen eine gute Figur«. Beim Einschlagen der Stützen müssen Sie allerdings darauf achten, daß der Wurzelbereich nicht beschädigt wird. Rittersporne, Dahlien, Türkischer Mohn, Staudenastern und Margeriten sind für solche Hilfestellungen besonders dankbar.

Putzen Sie verblühte Stauden möglichst regelmäßig aus, um so länger dauert die Nachblüte. Auch alle Balkon- und Kübelpflanzen danken es Ihnen mit ununterbrochener Blütenpracht, wenn Sie immer alle welken Blüten und Blätter entfernen. Bedenken Sie: jeder Samenansatz kostet Kraft und verhindert neue Knospenbildung.

Die Rittersporne schneiden Sie nach der Blüte handhoch zurück und düngen Sie noch einmal. Dann können Sie mit einer schönen zweiten Nachblüte rechnen. Auch Lupinen entwickeln noch einmal ein paar Blütenkerzen, wenn Sie sie rechtzeitig abschneiden.

Des Sommers schönste Sträuße

Natürlich können Sie in diesen Sommerwochen auch herrliche Sträuße aus dem eigenen Garten schnei-

Im Juni leuchten blaue Rittersporne (links) und Schwertlilienzüchtungen (rechts) in allen Farben des Regenbogens vom Prachtstaudenbeet.

den. Achten Sie dabei darauf, daß einzelne Pflanzen nicht zu sehr »geplündert« und dadurch geschwächt werden. Am besten nehmen Sie überall nur eine kleine Kostprobe weg. Es wäre zu schade, wenn die Blütenpracht im Garten durch »Mottenlöcher« verunstaltet würde.

Übrigens gehören auch Schwertlilien zu den edlen Vasenblumen. Legen Sie aber immer ein schützendes Papiertuch unter diesen Strauß, denn die Iris »tropfen« beim Verblühen. Der farbige Pflanzensaft hat schon manche Tischdecke ruiniert.

Schnelle Sommerblüher säen

Anfang Juni ist noch Zeit genug, um Sommerblumen mit kurzer Entwicklungszeit auszusäen. In diesen Frühsommerwochen wächst alles rasch und stürmisch.

Es schadet ja auch nichts, wenn die letzten Einjahrsblumen noch durch den Herbst leuchten. Versuchen Sie es einmal mit Ringelblumen, Jungfer im Grünen, Schleifenblumen, Mandelröschen (*Clarkia*), Bechermalven, Wicken, Duftsteinrich und Reseda.

Was wäre der Sommer ohne den Duft und die berauschende Blütenfülle der Rosen?!

Zwiebelblumen: Ruhe oder Teilung

Die meisten Frühlingsblüher haben nun gelbes Laub bekommen, das sich von selbst löst. Zupfen Sie die Blätter, die ihren Dienst getan haben, aus, und überlassen Sie Narzissen, Krokusse und all die anderen kleinen Zwiebelblumen nun ihrer verdienten Ruhepause in der Erde. Nur dort, wo die Blütenkraft sehr nachläßt, sollte man Tulpenzwiebeln mit der Grabgabel vorsichtig ans Tageslicht holen. Sie werden an einem schattigen Platz getrocknet, auseinandergenommen und bis zum Herbst aufbewahrt. Dann kann man sie mit genügend Abstand einpflanzen, damit Zwiebeln und Blüten sich wieder kräftiger entwickeln.

Rosenpflege

Das rauschende Fest der Rosenblüte fällt in den Juni. Wenn die Pracht vorbei ist und die Kräfte verbraucht sind, dann darf die helfende Hand des Gärtners nicht fehlen.

Schneiden Sie alle verblühten Blumen ab, denn die meisten Gartenrosen sollen ja keine Hagebutten ansetzen. Viele Sorten entwickeln sogar noch einmal Blütenknospen für den Spätsommer. Am besten ist es, wenn Sie beim Schnitt die Schere unter den zwei unmittelbar unterhalb der Blüte wachsenden Blättern ansetzen. Mehr Grün sollte der Rosenstrauch nicht verlieren. Er braucht alle seine Blätter für einen gesunden Stoffwechsel.

Nach der Blüte erhalten Beetrosen, Strauchrosen und Kletterrosen frische Nahrung, um sich zu erholen. Streuen Sie einen organischen Mischdünger aus, zum Beispiel Horn-Blut-Knochenmehl oder Guano. Auch Holzasche bekommt den Rosen gut. Brennessel-Jauche und ein paar Hände voll Kompost können ebenfalls nicht schaden.

Sollten die Juniwochen trocken sein, dann dürfen Sie die Rosen nicht mit dem Sprenger wässern. Die Nässe auf den Blättern fördert den Pilzbefall. Außerdem verdirbt sie die Blüten. Gießen Sie lieber ein- bis zweimal wöchentlich durchdringend und reichlich in den Wurzelbereich.

Wo sich die ersten Blätter mit weißem Mehltaubelag oder mit schwärzlichen Rostflecken zeigen, da sollten Sie sie unbedingt sofort abzupfen und vernichten, damit die Infektion sich nicht ausbreiten kann.

Rasen- und Heckenschnitt

Der Rasen wächst nun kräftig und muß regelmäßig geschnitten werden. Grasschnitt enthält sehr viel Feuchtigkeit. Werfen Sie dieses Material niemals in irgendeiner Gartenecke aufeinander. Es wird unweigerlich faul! In dünnen lockeren Schichten eignet sich Gras aber sehr gut zum Mulchen unter Beerensträuchern und Obstbäumen. Wenn Sie Rasenschnitt verkompostieren möchten, dann sollten Sie ihn auf jeden Fall mit reichlich grobem, trockenem Material vermischen. Dazu eignen sich zerkleinerter Heckenschnitt oder Hobelspäne.

Im Juni können Sie den Rasen noch einmal düngen. In sehr trockenen Wochen müssen Sie ihn notfalls einmal wässern. Meist ist dies aber nur bei frisch eingesäten Rasen nötig. Die Zeit für eine neue Einsaat ist immer noch günstig. Wildblumenwiesen dürfen Sie nicht düngen – sie gedeihen nur als Magerwiesen! Im Juni bleibt das hohe blühende Gras noch stehen. Erst im Juli wird es Zeit für die Sense.

Eine Regenklappe am Abflußrohr können Sie nach Belieben öffnen und schließen.

Wenn keine Vögel im dichten Gezweig brüten, kann gegen Ende Juni der Heckenschnitt an Laubgehölzen, wie Hainbuchen und Liguster, beginnen. Werfen Sie dieses wertvolle organische Material nicht weg. Wenn die Zweige zerkleinert werden, lockern sie den Kompost hervorragend auf. Ein Schredder oder Häcksler leistet hier gute Dienste.

Was gibt es sonst noch zu tun?

Gutes Wasser für die Pflanzen

Schaffen Sie sich viele Möglichkeiten, das kostbare Regenwasser aufzufangen. Wasser, das Sie zum Gießen der Pflanzen brauchen, sollte stets abgestanden und erwärmt sein.

Regentonnen, möglichst mehrere Fässer, die durch Überlaufrohre miteinander verbunden werden, sind eine nützliche Einrichtung. Überlegen Sie doch einmal, ob Sie nicht das Wasser vom Dach eines Gartenhäuschens ableiten oder ein Abflußrohr am Haus anzapfen können. Es wäre wirklich schade, wenn das weiche Regenwasser nutzlos in die Kanäle rinnt. In Industriegebieten, wo Niederschläge oft stark verschmutzt sind, sollte man allerdings vorsichtig sein und die Regenklappe solange geschlossen halten, bis der schlimmste Schmutz vom Dach abgewaschen ist. Erst danach lassen Sie das Wasser in die Tonnen laufen.

Sehr praktisch und in der Gartenpraxis bewährt sind auch Plastik- oder Holzfässer, die mit Leitungswasser gefüllt werden. Graben Sie diese Vorratsbehälter zu zwei Dritteln an einer sonnigen Stelle im Boden ein. So können Sie bequem mit der Gießkanne daraus schöpfen. Das »tote« Wasser, das aus kalten, dunklen Rohrleitungen fließt, kann sich erwärmen und regenerieren, ehe Sie es benutzen. Es wird wieder »pflanzenfreundlich«. Legen Sie aber bitte vorsichtshalber ein Gitter über die Öffnungen der Fässer, damit Vögel nicht hineinfallen und ertrinken. Auch wenn Kinder im Garten spielen, müssen solche Öffnungen abgedeckt werden.

Naturgemäßer Pflanzenschutz

Stachelbeermehltau (oben) und Rosenrost (unten) gehören zu den weitverbreiteten Pilzerkrankungen, die vorbeugend behandelt werden müssen.

Der Juni ist ein fruchtbarer Monat. Das Wachstum der Pflanzen entwickelt sich in diesen Wochen besonders rasch und üppig. Auch die Tiere vermehren sich mit Vorliebe in einer Jahreszeit, in der es Nahrung im Überfluß gibt. Schnecken, Mäuse, Läuse und andere Insekten können deshalb plötzlich in großen Scharen auftauchen. Ein wirkungsvolles Gegengewicht bietet die Natur selbst an. Ein Gärtner, der genügend Lebensräume für die natürlichen Gegenspieler in seinem Garten bereithält, kann ruhig zusehen, wie das ökologische Gleichgewicht zwischen Fressen und Gefressenwerden sich wieder einpendelt.

Wichtig ist außerdem, daß vorbeugende Maßnahmen stets rechtzeitig angewendet werden. Dann ist die Gefahr, daß plötzlich unüberschaubare Katastrophen ausbrechen, bereits gebannt. Denken Sie bei allem, was Sie in diesem Monat »in Sachen Pflanzenschutz« unternehmen, immer daran, daß es nur darum geht, die übermäßige Vermehrung ungebetener Mitesser in Grenzen zu halten – nicht darum, ungeliebte Tiere restlos für immer und ewig aus dem Gartenparadies zu vertreiben. Dann müßten nämlich auch diejenigen Lebewesen, die der Gärtner als nützliche Helfer betrachtet, auswandern, weil sie nicht mehr genügend Nahrung für sich und ihre Jungen fänden.

- Sammeln Sie im Juni reichlich Brennesseln und Wurmfarn, die frisch und getrocknet für schädlingsabwehrende Kräuter-Brühen gebraucht werden.
- Vorbeugend gegen Echten Mehltau wirken: infizierte Spitzentriebe (Stachelbeeren) und einzelne Blätter (zum Beispiel Gurken) sofort entfernen. Spritzungen mit Schachtelhalm-Brühe, Knoblauch-Tee oder Sachalin-Staudenknöterich-Tee (im Handel erhältlich) und blattstärkenden Mitteln, wie zum Beispiel Algenpräparaten; Stäuben mit Steinmehl. Wenn die Krankheit ausbricht, hilft nur noch das Handelspräparat »BioBlatt-Mehltaumittel«.
- Rostkrankheiten können nur vorbeugend behandelt werden: Pflücken Sie »rostige« Blätter an Rosen, Fuchsien, Bohnen oder Johannisbeeren sofort ab. Nicht kompostieren! Vorbeugend und stärkend wirken Spritzungen mit Schachtelhalm-Brühe, Rainfarn-Tee und Algenpräparaten; Steinmehl stäuben.

Aus Kräutern können Sie selber Pflanzenschutzbrühen herstellen: rechts unten eine Auswahl, oben Schachtelhalm. Mitte: Marienkäferlarven auf Läusejagd.

- Gegen Gemüsefliegen helfen rechtzeitig vor der Flugzeit der Insekten ausgebreitete Spezialnetze.
- Bei Blattläusen ist die Schonung aller Nützlinge das Wichtigste. Vermeiden Sie außerdem jede Überdüngung! Weitere Hilfsmittel: abspritzen, zerdrücken, Blätter mit Läusenestern entfernen, Rainfarn-, Wermut- oder Rhabarberblätter-Tee spritzen.
- Kartoffelkäfer und ihre Eier müssen abgesammelt werden.
- Gespinstmotten in Obstbäumen werden samt ihrem kunstvollen Nest herausgeschnitten; schütteln Sie restliche Raupen herunter, die in ausgelegten Tüchern gefangen werden.
- Apfelwickler legen ab Juni ihre Eier an Äpfel oder Birnen ab. Mit Wermut- oder Rainfarn-Tee-Spritzungen können Sie den Lockgeruch der Äpfel überdecken.
- Der Himbeerkäfer sucht jetzt die Blüten der Beerensträucher. Schütteln Sie die Zweige über einem Eimer ab. So fangen Sie die Käfer.
- Jetzt fressen sich die Frostspanner-Raupen satt. Nur bei größeren Schäden sollten Sie *Bacillus-thuringiensis*-Präparate spritzen.
- Die Weibchen der Dickmaulrüßler sind unterwegs, um ihre Eier nahe beim günstigen Nahrungspflanzen in die Erde zu legen. Nachts kann man die Käfer sammeln. Larven finden Sie neben welkenden Pflanzen im Boden. Häufiges Hacken stört die Larven. Sprühen Sie Rainfarn- oder Wermut-Tee auf den Boden.
- Die Larven der Stachelbeer-Blattwespen fressen ganze Sträucher kahl. Frühzeitig nachsehen, abschütteln, abspritzen, sammeln; mit Rainfarn-Tee spritzen oder Steinmehl stäuben.

Das Wichtigste auf einen Blick

Säen

Freiland: Sommersalate, Pflücksalat, Buschbohnen, Möhren, Rettich, Radieschen, Knollenfenchel, Radicchio,
Zuckerhut, Endivien, Knollenfenchel, Kohlrabi, Winterlauch,Kerbel, Kresse Bohnenkraut, Dill, Salatrauke, Borretsch;
einjährige Sommerblumen (Ringelblumen, Mandelröschen, Wicken und andere).

Pflanzen

Freiland: Rosenkohl, Grünkohl, Lauch, Sellerie, späte Kohlsorten, Sommerkopfsalate, Eissalat, Römischer Bindesalat.

Pflegen

Erbsen, Buschbohnen, Kohl, Lauch und Kartoffeln anhäufen;
zu dichte Aussaaten ausdünnen; Tomaten entgeizen und binden;
Erdbeer-Mutterpflanzen kennzeichnen;
Zwiebelblumen aufnehmen und teilen;
Stauden rechtzeitig stützen und binden; welke Blüten und Blätter regelmäßig bei Stauden, Sommerblumen, Rosen, Balkon- und Kübelpflanzen entfernen;
Rasen mähen, Gras verwerten;
Schnitt der Laubhecken;
wässern, düngen, jäten, mulchen;
Pflanzenschutzmaßnahmen rechtzeitig und vorbeugend anwenden.

Ernten

Kohlrabi, Blumenkohl, Spitzkohl, Frühwirsing, Kopfsalat, Pflücksalat, Radieschen, Rettich, Frühkartoffeln, Spargel, Rhabarber;
Kerbel, Kresse, Dill, Salatrauke, Borretsch, Schnittlauch, Petersilie, Pimpinelle, Zitronenmelisse, Estragon, Sauerampfer, Salbei, Thymian; Erdbeeren.

Der Biotip des Monats

Das Material für Mulchdecken darf nie ausgehen in der warmen Sommerzeit. Außer Gras und Laub gibt es noch zahlreiche »Lieferanten« für gute organische Substanzen. Im Garten und in der Natur finden Sie: Brennesseln, Beinwellblätter, Löwenzahnblätter, Abfälle aus dem Kräutergarten, alle »Un«-käuter von den Beeten, Tomatengeiztriebe (vor allem für die Tomaten selbst). Reichlich Material liefert natürlich auch abgeschnittene Gründüngung. Stroh, Gehölzschnitt und Rindenmulch eignen sich am besten für Obstgehölze und Sträucher.

Juli

Nun ist es hoher Sommer geworden. Die Ferienzeit beginnt, und die Gärtner müssen mit Gewittern und Hundstagen rechnen. Die Hauptarbeit besteht in diesen Wochen im Ernten und im Konservieren des selbstgezogenen Obst- und Gemüsereichtums für die kalte Jahreszeit.

Zu den herrlichsten Blütenerlebnissen des Sommers gehören die Phloxbüsche. Warmrosa, tiefviolett und strahlend weiß leuchten sie wochenlang durch den Garten. Ein Phloxstrauß erfüllt Ihr Wohnzimmer tagelang mit süßem Duft. »Ein Sommer ohne Phlox ist ein Irrtum«, rief der große Gärtner und Staudenzüchter Karl Foerster überschwenglich aus. Wer diese wunderschönen, ausdauernden Stauden, die so wenig Mühe bereiten, in seinem Garten erlebt, der muß ihm auch heute noch recht geben.

Im Gemüsegarten

In den dekorativen violettblauen Erbsenschoten (oben) reifen grüne Körner heran. Auch Buschbohnen (links) gibt es nicht nur in Grün, sondern auch in blauer Farbe.

Nachkulturen für freie Beete
Viele Beete werden nun leer. Sie können zur Abwechslung einmal erholsame Gründüngung einsäen. Es lohnt sich aber auch, noch für neue Ernten zu sorgen.
In der ersten Juliwoche wird es Zeit für die allerletzte Buschbohnenaussaat. Möhren, Fenchel, Schnittsalat, Zuckerhutsalat, Winterrettich, Radieschen, Spinat und Rote Bete für die Herbsternte können noch gesät werden. Ab Mitte Juli beginnt die Aussaat des Chinakohls, der bei früheren Versuchen unweigerlich schießen würde. Gegen Ende des Monats werden die Samen der Frühlingszwiebeln ausgestreut.
Vorgezogene Pflanzenvorräte vom Saatbeet ziehen nach und nach auf freie Flächen um und schließen dort die Kulturlücken. Günstig ist jetzt noch die Pflanzzeit für Eissalat, Römischen Bindesalat, Endivien, späte Kohlrabisorten, Grünkohl und Frühsorten von Wirsing und Blumenkohl.

Pflegen und Düngen
Alle Starkzehrer, die noch reichlich Blattwerk oder Früchte entwickeln, brauchen eine flüssige Kopfdüngung mit Brennessel-Jauche. Dazu gehören zum Beispiel Tomaten, Gurken, Zucchini, Sellerie, alle Kohlarten und Gemüsepaprika, aber auch Spargel und Rhabarber. Tomaten müssen noch immer regelmäßig entgeizt werden. Vergessen Sie auch nicht, die Lauchreihen weiter anzuhäufeln, damit Sie schöne weiße Schäfte erhalten. Gurken müssen bei Hitze regelmäßig gegossen werden. Trockener Boden verursacht Wachstumsstörungen und bittere Früchte.

Ernten aus der Fülle
Der Erntesegen ist in diesen Wochen meist kaum zu bewältigen. Versuchen Sie deshalb, so viel wie möglich einzufrieren oder auch in Steinguttöpfen einzulegen. Am besten schmecken junge Bohnen, Gurken, Zucchini, Salat, Karotten und Erbsen natürlich ganz frisch. Jetzt reifen auch die Frühkohlarten (Rotkohl, Weißkohl, Blumenkohl), die ersten Frühlingszwiebeln, Neuseeländer Spinat, Spinat und Zuckermais.

Im Kräutergarten

Kräuter Ernte
Gegen Ende Juli können Sie die zweijährigen Gewürzkräuter Petersilie, Kümmel und Löffelkraut aussäen. Auch für das einjährige aber winterharte Postelein (Winterportulak) beginnt noch einmal eine günstige Aussaatzeit.
Im Kräutergarten werden die meisten Gewürzpflanzen kurz vor der Blüte geschnitten und getrocknet. Dann haben Sie den höchsten Gehalt an Heil- und Duftstoffen. Erntezeit ist jetzt für Pfefferminze, Melisse, Origano, Bohnenkraut, Ysop und die Körner des Koriander. Für den frischen Verbrauch in der Küche können Sie von allen Kräutern Blätter und Zweigspitzen regelmäßig verwenden.

An einem sonnigen Morgen können Sie jetzt Kräuter für die Wintervorräte ernten.

Im Obstgarten

Süße Beerenernte
Die Hauptbeerenernte fällt, mit regionalen Verschiebungen, in den Monat Juli. Genießen Sie jetzt den reichen Segen von Stachelbeeren, Johannisbeeren und Himbeeren. Verlockend wirken die süßen Früchte auch auf Amseln und Stare. Hüllen Sie Sträucher und Kronenbäumchen rechtzeitig in Vogelschutznetze, damit Ihnen die geflügelten Beerenliebhaber bei der Ernte nicht zuvorkommen.
Sorgen Sie dafür, daß das Himbeerbeet stets gut gemulcht ist. Abgetragene Ruten sollten Sie sofort tief am Boden abschneiden. So beugen Sie der Ausbreitung der Himbeerrutenkrankheit vor. Von den nachwachsenden jungen Trieben sollen nur 10 bis 12 pro Meter erhalten bleiben, die übrigen werden entfernt.
Auch Johannis- und Stachelbeeren können nach der Ernte ausgelichtet werden. Bei den Brombeeren ist es jetzt Zeit, die jungen Triebe an Drähten festzubinden und zu leiten. Die Geiztriebe in den Blattachseln werden bis auf 2 Blätter eingekürzt.

Stachelbeerhochstämmchen lassen sich leicht mit Netzen vor den Vögeln schützen.

Erdbeeren düngen und vermehren

Sobald das Erdbeerbeet abgeerntet ist, können Sie das Laub abschneiden. Dabei darf das Herz der Pflanzen aber nicht beschädigt werden. Sie treiben bald wieder gesunde Blätter aus. Eventuell vorhandene Pilzerkrankungen können Sie mit dieser Methode zurückdrängen.
Erdbeeren werden am besten nach der Ernte gedüngt, denn sie bilden bis zum Herbst noch Laub, Wurzeln und neue Blütenansätze. Je kräftiger sie jetzt wachsen können, desto reicher und früher fällt die süße Ernte im kommenden Jahr aus.
Von den besonders gekennzeichneten Mutterpflanzen nehmen Sie die kräftigsten »Kindl« ab und setzen sie auf ein gut vorbereitetes neues Beet. Um reichlich Wurzeln zu bilden, können Sie die Jungpflanzen auch noch einige Zeit auf ein »Kindergarten-Beet« setzen. Die Pflanzzeit für Erdbeeren dauert ja noch bis September!

Sommerschnitt der Obstbäume

In diesem Monat reifen die ersten frühen Äpfel, Pfirsiche und Aprikosen. Die größte Ernte bringen aber Süß- und Sauerkirschen. Wenn die Früchte abgenommen sind, können die Obstbäume ausgelichtet werden. Beim Sommerschnitt entfernt man vor allem zu dichtwachsende und sich überkreuzende Äste. Die Kronen der Bäume sollen wieder hell und luftig werden. In der warmen Jahreszeit verheilen die Schnittwunden rascher als im Winter.
Besonders wichtig ist der sommerliche Schnitt nach der Ernte bei den Sauerkirschen. Sie tragen am besten am einjährigen Holz. Nehmen Sie also die abgetragenen Zweige bis zum einem neuen Austrieb zurück, der sich am rückwärtigen Ende des alten Zweiges bildet. Wenn Sie diesen Verjüngungsschnitt versäumen, entwickeln die Schattenmorellen lange Peitschentriebe, die nur noch am äußeren neu hinzugewachsenen Ende der Zweige tragen.
Vergessen Sie bei aller Arbeit nicht – der Sommer ist auch zum Genießen da. Ab und zu sollten Sie deshalb Ihren Garten seelenruhig aus der Hängematte betrachten!

Im Ziergarten

Zweijährige Blumen aussäen

Denken Sie in der ersten Julihälfte vor allem an die Aussaat der zweijährigen Sommerblumen. Dazu gehören viele Schönheiten aus den alten Bauerngärten: zum Beispiel Vergißmeinnicht, Stiefmütterchen, Maßliebchen, Stockrosen, Marienglockenblumen, Goldlack, Bartnelken, Fingerhüte, Nachtviolen, Nachtkerzen und Königskerzen. Halten Sie das Saatbeet gleichmäßig feucht, denn gerade in diesen Sommerwochen sind Aussaaten von Hitze und Trockenheit bedroht. Wenn Samenkörner während des Keimes trocken werden, dann verdorren sie rasch, und der Schaden ist nicht mehr zu beheben! Wenn Sie in Schalen oder Kistchen aussäen, dann stellen Sie diese Gefäße hell aber vor direkter Sonneneinstrahlung geschützt auf.

Stauden pflanzen und säen

Für die Freude ausdauernder Stauden ist es ein preiswertes Experimentier-Vergnügen diese Blumen durch Aussaat selbst zu vermehren. Sie können

dafür selbstgeerntete Samen, zum Beispiel von Akeleien, Mohn, Pfirsichblättrigen Glockenblumen, Lupinen oder Iris verwenden. Im Fachhandel wird auch Saatgut seltener Staudenarten oder -züchtungen angeboten. Ein Versuch lohnt sich immer, denn die Samentüten sind allemal preiswerter als einzelne Pflanzen aus der Gärtnerei.
Ausgesät werden die Staudensamen genau wie die zweijährigen Sommerblumen. Es kann aber sein, daß die eine oder andere Art sich viel Zeit läßt mit dem Keimen. Verlieren Sie dann nicht die Geduld – halten Sie das Beet weiter feucht!
Manche Stauden samen sich auch von selbst aus, wenn die Samenstände nicht sofort entfernt werden. Akeleien, Glockenblumen, hohe Staudenastern, *Geranium*-Arten und Lungenkraut tauchen als Sämlinge zwischen anderen Gartenpflanzen auf. Aus diesem Angebot der Natur können Sie sich dann die schönsten und kräftigsten Pflänzchen aussuchen. Auch für andere Gartenfreunde bleibt noch genug zum Verschenken übrig.
Ähnlich freigiebig verhalten sich auch viele zweijährige Blumen: Königskerzen, Fingerhüte, Bartnelken, Goldlack, Vergißmeinnicht, Nachtviolen und Nachtkerzen vermehren sich leicht an Ort und Stelle. Vorausgesetzt Sie sind nicht zu ordentlich und ungeduldig. Nachwuchs gibt es nur, wo die Samen ausreifen dürfen!
Für einige wenige Stauden liegt die günstigste Pflanzzeit im Sommer. Dies sind vor allem die Frühsommerblüher. Pflanzen Sie jetzt Iris und Pfingstrosen. Alte Schwertlilienbüsche, die nach innen verkahlen, nehmen Sie am besten im Juli auseinander. Die nach außen wachsenden jungen Rhizome mit den frischen Blättern werden gruppenweise neu ein-

Stockrosen (links) und Marienglockenblumen (rechts) gehören zu den zweijährigen Sommerschönheiten, die jetzt ausgesät werden müssen.

Iris werden im Sommer gepflanzt. Legen Sie die dicken Rhizome nur flach in die Erde. Die Schwertblätter werden schräg angeschnitten.

gepflanzt. Dabei schneidet man die schwertförmigen Blätter zurück. Offene Stellen an den fleischigen Wurzeln reiben Sie mit Holzkohlenstaub ein, um Pilzinfektionen zu verhindern.
Übrigens: Auch die Staudenzüchter verschicken ihre Irispflanzen im Hochsommer.

Sommerliche Pflegearbeit

Wer jetzt öfter einen bunten Blumenstrauß schneidet, der »beraubt« seinen Garten nicht. Im Gegenteil: Einjährige Sommerblumen und Stauden treiben reichlich mit neuen Knospen nach, wenn der Gärtner einen Teil des blühenden Überflusses wegnimmt.
Pflegearbeiten gehören in diesen Wochen zu den wichtigsten Tätigkeiten. Schneiden Sie auf den Blumenbeeten stets alles, was verwelkt ist, weg. Samenbildung kostet Kraft und verhindert neue Knospenansätze. Bei solchen Kontroll-Spaziergängen, die Sie gut am Feierabend durchführen können, sollten Sie auch auf Läuse, Raupen und Schnecken achten. Wenige Tiere lassen sich schnell absammeln oder mit den Fingern zerdrücken. So beugen Sie der Vermehrung und größerem Befall vor.
Balkonblumen und Kübelpflanzen müssen Sie nun einmal wöchentlich düngen. Auch Stauden und Rosen sind für eine Zusatzdüngung dankbar, falls Sie dafür nicht schon im Juni gesorgt haben.
Schneiden Sie den Rasen nicht zu kurz in den heißen Sommerwochen; die Gräser vertrocknen sonst leicht.
Die Mähabstände können länger werden. Im Hochsommer wird auch die Blumenwiese mit der Sense oder mit dem Balkenmäher gemäht.
Im Juli ist der Sommerschnitt der Laubhecken an der Reihe. Wenn Sie aber Vogelnester zwischen den dichten Weißdorn- oder Hainbuchenzweigen entdecken, sollten Sie bis zum Ende des Monats warten, wenn die junge Brut ausfliegt.

Was gibt es sonst noch zu tun?

Richtig gießen und mulchen

Das Wässern gehört zu den wichtigsten Pflegearbeiten im Sommer. Der Sprenger eignet sich am besten für den Rasen. Alle Gemüse- und Blumenbeete sollten Sie, wenn möglich, direkt in den Wurzelbereich gießen. Es ist viel wirkungsvoller, ein- bis zweimal wöchentlich das Erdreich und die Wurzeln durchdringend anzufeuchten, als öfter obenhin ein paar Tropfen zu verteilen. Geringe Wassermengen verdunsten rasch an der Oberfläche und nutzen den tiefergelegenen Wurzeln wenig.
Durch Mulchdecken aus Gras oder kleingeschnittenem Unkraut können Sie sich das Gießkannenschleppen sehr erleichtern. Eine lockere Schicht aus organischen Abfällen hält die Erde lange feucht und durchlässig. Auch das Unkraut wird unterdrückt. So brauchen Sie weniger zu gießen, weniger zu hacken und weniger zu rupfen. Vor allem während einer Urlaubsreise schützt eine Mulchdecke Ihre Kulturen.

Wo die Schneckenplage groß ist, da dürfen Sie nur sehr dünn mulchen. Der Sprenger darf nur frühmorgens eingeschaltet werden. Ein nasser Garten lockt am Abend alle Schnecken wie ein Magnet an!

Dieser Anblick sollte Seltenheitswert im Garten haben. Stellen Sie den Sprenger nur bei großer Trockenheit an – am besten frühmorgens.

Naturgemäßer Pflanzenschutz

- Kraut- und Knollenfäule an Kartoffeln oder Kraut- und Braunfäule an Tomaten entwickeln sich vor allem bei feuchter Witterung. Kranke Blätter sofort abschneiden und vernichten. Vorbeugend mit Schachtelhalm-Brühe, Magermilch oder Knoblauch-Zwiebelschalen-Tee spritzen. Steinmehl stäuben. Ein Foliendach auf Stützpfählen schützt vor übermäßiger Nässe.
- Gegen Pilzinfektionen weiter allgemein vorbeugend spritzen, vor allem mit Schachtelhalm-Brühe.
- Zur Eindämmung der Fruchtmonilia alle kranken Früchte sammeln und vernichten.

Wo die Monilia sich ausbreitet, da müssen die kranken Zweigspitzen abgeschnitten werden.

Bei Zweigmonilia die kranken Spitzenbetriebe abschneiden, ebenfalls vernichten.

- Abgetragene Himbeerruten abschneiden und verbrennen, um der Himbeerrutenkrankheit vorzubeugen.
- Beerensträucher und Obstbäume mit Vogelschutznetzen einhüllen, damit die Früchte ungestört ausreifen können für die Ernte.
- Wellpappstreifen von den Stämmen abnehmen und verbrennen.
- Wenn sich die Wühlmäuse im Sommer sehr vermehren, sollten Sie Holunderblätter-Jauche in die Gänge gießen. Auch Nußbaumblätter oder Thujazweige wirken abschreckend. Ständige Geräuschquellen, wie zum Beispiel schräg eingegrabene Flaschen, über deren Öffnung der Wind streicht, oder Eisenstangen im Boden, die regelmäßig mit einem Hammer angeschlagen werden, vertreiben die Mäuse. »Todsicher« sind spezielle Wühlmausfallen. Abwehrpflanzen, deren Wirkung aber begrenzt ist, sind Kaiserkronen, die Narzisse 'La Riante', Kreuzblättrige Wolfsmilch *(Euphorbia lathyris)* und Hundszunge *(Cynoglossum officinale)*.

Das Wichtigste auf einen Blick

Säen

Freiland: Buschbohnen, Möhren, Fenchel, Schnittsalat, Zuckerhut, Winterrettich, Radieschen, Spinat, Rote Bete, Chinakohl, Frühlingszwiebeln;
Petersilie, Löffelkraut, Kümmel, Winterportulak;
zweijährige Sommerblumen (Vergißmeinnicht, Goldlack, Stockrosen und andere), Stauden (Akeleien, Glockenblumen und andere).

Pflanzen

Freiland: Eissalat, Endivien, Römischer Bindesalat, Kohlrabi, Grünkohl, Wirsing, Blumenkohl; Pfingstrosen, Iris.

Pflegen

Brennessel-Jauche für Starkzehrer ausgießen, Gurken feuchthalten, Tomaten entgeizen, Lauch anhäufeln;
Beerensträuchen und Obstbäume auslichten, Schattenmorellentriebe einkürzen (Sommerschnitt); Erdbeeren düngen, Kindl abnehmen, neue Beete anlegen;
Sommerblumen, Stauden, Balkon- und Kübelpflanzen laufend von Verblühtem säubern. Rosen und Stauden düngen; wässern und mulchen; Rasen, Blumenwiesen und Laubholzhecken werden geschnitten.

Ernten

Frühkartoffeln, Frühkohlarten, Salate, Spinat, Neuseeländer Spinat, Erbsen, Bohnen, Möhren, Gurken, Zucchini, Zuckermais;
Pfefferminze, Zitronenmelisse, Origano, Bohnenkraut, Ysop, Koriander, Dill, Borretsch, Petersilie und andere Kräuter;
Johannisbeeren, Stachelbeeren, Himbeeren, frühe Äpfel und Birnen, Kirschen, Pfirsiche und Aprikosen.

Der Biotip des Monats

Gründüngungsaussaaten auf freien Beeten sind eine Erholungskur für den Boden. Sie lockern die Erde und sammeln, wie zum Beispiel die Leguminosen (Bohnen, Kleearten, Lupinen) Stickstoff an.
Jetzt im Sommer können Sie Inkarnatklee, Weißen Steinklee (beide winterhart), Perserklee oder Gelbsenf (das Laub erfriert) aussäen. Ölrettich schließt schwere Böden mit tiefreichenden Pfahlwurzeln auf. Im Handel gibt es auch gute Gründüngungsmischungen.

August

Der August ist der Monat der Reife und der Blütenfülle. Süße Pflaumen, frühe Birnen und Brombeeren verlocken zum Pflücken im Vorübergehen und zum Einmachen für die Winterzeit. Der Nutzgarten bietet Gemüse und Salat in überreicher Fülle, und die Blumenbeete leuchten in warmen Spätsommerfarben. Ganz allmählich neigt sich das Jahr, die Tage werden kürzer, die Nächte hinterlassen kühlen Tau im Gras.

Nehmen Sie sich Zeit, einen heißen Sommernachmittag im Schatten der Obstbäume zu verträumen und die warmen Abende zu genießen. Der Sommer wird bald vorbei sein, und dann bleibt nur noch die Erinnerung an den überquellenden Garten im August.

Im Gemüsegarten

Ernte für Kochtopf und Vorräte
Gemüse und Obst, die mit viel Liebe und Mühe großgezogen wurden, müssen jetzt sorgfältig behandelt werden, damit die wertvollen Inhaltsstoffe auch der Familie zugute kommen. Essen Sie soviel wie möglich von dem selbstgeernteten Segen. Und achten Sie darauf, daß die Früchte schonend konserviert werden. Selbstgekochte Marmelade, tiefgefrorene Erbsen, Gewürzgurken in Essig und mit Salz

Späte Wintergemüse wie der Lauch können noch einmal einen Guß Brennesseljauche gebrauchen, während die Zwiebelernte zu Zöpfen geflochten wird.

eingestampftes Sauerkraut sind nur einige Beispiele für die vielen Möglichkeiten, die sich anbieten.
Ernten Sie laufend reife Gurken, Zucchini, Tomaten, Bohnen, Rote Bete, Salate, Möhren und Frühkohl.
Zwiebeln zeigen von selbst an, wann sie erntereif sind. Das röhrenförmige Laub legt sich dann zur Erde und wird gelbbraun. Diesen natürlichen Prozeß sollten Sie nicht künstlich beschleunigen, indem Sie die Halme niedertreten. Dann tritt eine Notreife ein, und die Früchte halten sich nicht gut über Winter. Ernten Sie Zwiebeln bei warmem Wetter und lassen Sie sie einen Tag lang in der Sonne trocknen. Dann streifen Sie die Erde ab, flechten Zöpfe aus dem Zwiebellaub und bewahren die Ernte trocken auf.
Auch Knoblauch reift jetzt aus. Die würzigen Zehen werden wie Zwiebeln geerntet und getrocknet.

Tomatenpflege

Bei den Tomaten, die inzwischen bei guter Pflege zu hohen Büschen herangewachsen sind, müssen Sie immer noch die Geiztriebe herausbrechen. Die obersten Blüten werden in den meisten Gegenden keine reifen Früchte mehr hervorbringen. Schneiden Sie sie lieber ab, damit alle Kraft den bereits vorhandenen Tomaten zugute kommt. Nehmen Sie dagegen nie zu viele Blätter weg! Nur verdorrte oder kranke Pflanzenteile werden entfernt. Die Tomaten brauchen das grüne Laub für einen gesunden Stoffwechsel.

Nahrung für »Spätentwickler«

Tomaten, Gurken, Lauch, Sellerie und späte Kohlsorten vertragen in diesen Wochen noch einmal einen Nahrungsnachschub, weil sie noch reichlich Blätter, Knollen oder Früchte bilden. Geben Sie ihnen einen flüssigen Dünger aus der Gießkanne, zum Beispiel Brennessel-Jauche oder gemischte Kräuter-Jauche mit viel Beinwell.

Für Sellerie und Möhren bedeutet die kalireiche Holzasche eine wichtige Ergänzung zur stickstoffhaltigen Pflanzenjauche.

Säen und pflanzen

Anfang August ist noch Zeit für die letzte Aussaat von Chinakohl, Pak Choi (ebenfalls eine asiatische Kohlart), Herbstrüben (Teltower Rübchen) und Pflücksalat.

Bis zur Monatsmitte können noch winterharte weiße Frühlingszwiebeln, Radieschen und Schwarze Winterrettiche gesät werden. In der zweiten Augusthälfte sind dann die Herbstkulturen von Feldsalat und Spinat an der Reihe.

In milden Landschaften lohnt es sich, Winterkopfsalat und Wintergemüse zu säen: Spitzkohl, Wirsing 'Advent', Blumenkohl und Winterzwiebeln. Diese Pflanzen überwintern mit Reisigschutz und liefern im nächsten Jahr frühe Ernten.

Gemüsebeete, die nicht neu bestellt werden, können Sie auch jetzt noch mit Gründüngung, zum Beispiel Senfsaat oder Kleearten, einsäen.

Von den Vorräten auf dem Saatbeet oder in Anzuchttöpfchen werden jetzt Kohlrabi, Winterendivien, Knollenfenchel, Winterlauch und Chinakohl auf die Beete verpflanzt.

Zum Naschen im Vorübergehen verlocken würzige kleine Kirschtomaten und leuchtend gelbe Birnentomaten, die jetzt in großen Trauben reifen.

Zu den Ernteschätzen aus dem Kräutergarten gehören auch die Blütenblätter der heilkräftigen Ringelblumen für Öl, Salbe und Tee.

Im Kräutergarten

Ernten solange der Vorrat reicht

Für zahlreiche Gewürzkräuter kommt die Zeit der Haupternte. Von anderen wächst schon der zweite Schnitt heran. Zum Konservieren eignen sich zum Beispiel: Estragon, Zitronenmelisse, Salbei, Thymian, Origano, Bohnenkraut, Dill, Pfefferminze, Liebstöckel, Selleriekraut, Petersilie, Beifuß, Wermut und Fenchelkörner. Trocknen Sie, solange der Vorrat reicht, Gewürze und Tee für den Winter.

Aussaat der zweijährigen Kräuter

Alle zweijährigen Kräuter können Sie im August aussäen. Dazu gehören so vitaminreiche Gewächse wie Petersilie und Löffelkraut. Aber auch das weniger bekannte Barbarakraut und den guten alten Kümmel sollten Sie einmal vom eigenen Gewürzbeet probieren. Winterportulak und Löwenzahn können Anfang August ebenfalls noch eingeplant werden. Vor allem die wintergrünen Kräuter sollten Sie nicht vergessen. Sie können auch in der kalten Jahreszeit frisch aus dem Garten geerntet werden und versorgen Ihre Küche dann mit wichtigen Vitaminen. Petersilie, Löffelkraut, Barbarakraut und Winterportulak gehören zu diesen seltenen Genüssen aus einer pflanzenarmen Jahreszeit.

Im Obstgarten

Erntezeit
Jetzt beginnt die wochenlang anhaltende Erntezeit im Obstgarten. Pflaumen, Pfirsiche und Mirabellen reifen. Auch frühe Apfel- und Birnensorten können schon gepflückt werden. Sie halten sich meist nicht lange. Essen Sie sie frisch, oder verwenden Sie die Früchte zum Einkochen. Im Beerengarten reifen schwarze, süße Brombeeren, die zu Saft und Gelee verarbeitet werden können.

Schnitt der Beerensträucher und Sauerkirschen
Nach der Ernte müssen die abgetragenen Himbeerruten bis dicht am Boden zurückgeschnitten werden. Verbrennen Sie dieses Holz vorsichtshalber; so beugen Sie der Verbreitung der Himbeerrutenkrankheit vor. Die neuen Jungtriebe werden ausgelichtet, damit sie kräftig wachsen können. Achten Sie darauf, daß gerade unter den Himbeerreihen immer die Mulchdecke erneuert wird. Sie trägt ganz wesentlich dazu bei, daß diese Waldrandpflanzen, die feuchten Humus lieben, gesund gedeihen.
Bei den Brombeeren ist es wichtig, die Geiztriebe, die sich ähnlich wie bei den Tomaten in den Achseln bilden, auf 1 bis 2 Blätter zurückzuschneiden. Die Jungtriebe müssen nun hochgebunden werden. Wenn eine Brombeerhecke übersichtlich bleiben soll, dann leiten Sie die ein- und die zweijährigen Triebe am besten an zwei verschiedene, parallel verlaufende Gerüste. Falls der Schnitt im Juli versäumt wurde, können Johannis- und Stachelbeersträucher jetzt noch ausgelichtet werden. Bei Sauerkirschen werden die fruchttragenden Triebe zurückgeschnitten.

Ein neues Erdbeerbeet anlegen
Im August ist immer noch günstige Erdbeer-Pflanzzeit. Selbstgezogene Ableger oder neue Zuchtpflanzen können nun versetzt werden. Das Beet muß sonnig und geschützt liegen. Versorgen Sie es rechtzeitig mit Kompost und organischem Dünger. Auf einem 1,20 m breiten Beet haben zwei Erdbeerreihen Platz. Untereinander benötigen die Pflanzen 20 bis 30 cm Abstand. Mulchen Sie die offene Erde mit Laub, Gras, Stroh oder Gehölzschnitt. Diese Abdeckung hält auch an heißen Augusttagen die Erde feucht und erleichtert den Beerenpflanzen das Anwachsen.

Erdbeeren dürfen nicht zu hoch und nicht zu tief gepflanzt werden. So ist es richtig.

Im Ziergarten

Frische Sträuße und Trockenblumen

Von der Staudenrabatte und vom Sommerblumenbeet können Sie jetzt herrlich bunte Sträuße schneiden. So abwechslungsreich und persönlich zusammengestellt gibt es sie nirgends zu kaufen. Die Blumen halten sich besonders gut, wenn Sie sie frühmorgens schneiden und dazu ein scharfes Messer benutzen. Die Stengel werden dann nicht gequetscht und nehmen leicht das Wasser aus der Vase auf. Stellen Sie Ihren Sommerstrauß im Zimmer nicht in die volle Sonne. In gutgelüfteten, nicht zu warmen Räumen bleiben Schnittblumen länger frisch. Schneiden Sie die Stiele immer wieder an, und füllen Sie neues Wasser nach.

Auch für Trockenblumensträuße bietet der Garten schon reiche Vorräte an: Strohblumen, Strandflieder (Statice), Lampionblumen und Ziergräser werden locker gebündelt und kopfunter zum Trocknen aufgehängt.

Nicht vergessen: Pflanzzeit für Madonnenlilien und Pfingstrosen

Im August sollten Sie aber auch schon an die ersten Neupflanzungen denken. Madonnenlilien, Steppenkerzen, Kaiserkronen, Herbstkrokusse und Herbstzeitlosen sollten möglichst schon in diesem Monat gepflanzt werden. Auch Staudeniris können Sie noch teilen und versetzen. Pfingstrosen möchten am liebsten ein Leben lang am gleichen Platz bleiben. Wenn ein Verpflanzen und Teilen dennoch nötig wird, ist der August der beste Monat. Vorsicht: Diese Stauden dürfen nie tiefer oder höher gepflanzt werden als am alten Standort!

Schwertlilien und Steppenkerzen brauchen einen sonnigen Platz und vor allem guten Wasserabzug. In schweren Böden müssen Sie für eine Dränage aus Sand und Kies unterhalb der Pflanzung sorgen, damit die fleischigen Wurzeln nicht faulen.

Es kann auch nicht schaden, wenn Sie sich jetzt schon um die Auswahl und die Bestellung der Frühlingszwiebeln kümmern. Im nächsten Monat beginnt für diese unentbehrliche Farbtupfer im Garten die Pflanzzeit. Oft sind die schönsten Sorten schnell ausverkauft. Wer rechtzeitig bestellt, der bekommt noch alle Wünsche erfüllt.

»Umzug« der Zweijährigen

Ab Mitte August können die selbstausgesäten Zweijahresblumen verpflanzt werden. Setzen Sie Stiefmütterchen, Goldlack und Bartnelken nun an die vorbereiteten Stellen am Rande der Rabatte oder im Vorgarten. Versorgen Sie sie mit reichlich reifem

Die Sommerblumen blühen noch so üppig, daß Sie ruhig einen Strauß schneiden dürfen!

Buchsbaumhecken müssen in Form geschnitten werden. Der »Abfall« eignet sich zur Stecklingsgewinnung.

Kompost und gießen Sie gut an. Gedüngt wird erst im nächsten Frühling. Wählen Sie für diesen »Blumenumzug« möglichst einen trüben, feuchten Tag; Hundshitze ist ungeeignet zum Verpflanzen.

Sommerpflege

Auch in diesem Monat ist es wichtig, von Stauden, Rosen, Balkon- und Kübelpflanzen alle welkenden Blüten und Blätter regelmäßig zu entfernen. Binden Sie hohe Pflanzen rechtzeitig fest, damit sie bei sommerlichen Gewittergüssen nicht umfallen.
Wo keine Mulchdecken liegen, da müssen Sie trockene Böden öfter harken und gießen. In der ersten Monatshälfte werden Stauden und Rosen noch einmal gedüngt. Gegen Ende August klingt die Hauptwachstumszeit aus. Dann sollen sich ausdauernde Pflanzen auf die Ruhezeit im Winter vorbereiten.

Pflanzzeit für Immergrüne

Hecken aus Nadelgehölzen wie Thuja, Scheinzypressen, Eiben oder Fichten und Buchsbaumeinfassungen werden jetzt geschnitten. In der zweiten Augusthälfte beginnt auch die Pflanzzeit für alle Nadelgehölze, die bis zum Frost noch gut einwurzeln müssen. Rhododendren und Buchsbaum sollten aus dem gleichen Grund bereits im Spätsommer verpflanzt werden.

Für die Kübelpflanzen in der Sommerfrische wird es langsam Zeit, sich auf die Winterruhe vorzubereiten.

Balkon- und Kübelpflanzen einfach vermehren

Von Geranien, Fuchsien, Strauchmargeriten, Oleander und Engelstrompeten können Sie in diesen Wochen Stecklinge schneiden. Verwenden Sie dazu weiche Kopftriebe. In kleinen Töpfchen mit einer sandigen Erdmischung bewurzeln diese Stecklinge gut, wenn sie gleichmäßig feuchtgehalten werden. Im Winter pflegen Sie diese selbstgezogenen Jungpflanzen auf einer hellen, nicht zu warmen Fensterbank oder im Gewächshaus. Im nächsten Frühling sparen Sie dann viel Geld. Man muß ja nicht alle Balkonpflanzen selber vermehren. Es macht sich aber schon bemerkbar, wenn Sie nur noch wenige Blumen dazukaufen müssen.

Alle mehrjährigen Balkonpflanzen, wie zum Beispiel Fuchsien, Strauchmargeriten und Wandelröschen, werden ab Ende August nicht mehr gedüngt, damit sie ausreifen und auf die Winterruhe vorbereitet werden. Dies gilt natürlich nur, wenn Sie einen geeigneten hellen Kellerraum besitzen, wo die Pflanzen während der kalten Jahreszeit überleben.

Gras darf länger wachsen

Der August bringt oft noch heiße, trockene Tage. Wenn eine solche »Hundshitze« länger andauert, dann sollten Sie das Gras in diesen letzten Sommerwochen nicht zu tief schneiden, denn kurzgeschorener Rasen trocknet schneller aus. Sobald die größte Hitze vorüber ist, kann auch wieder Gras für einen neuen Rasen ausgesät werden.

Was gibt es sonst noch zu tun?

Samen sammeln

Ernten Sie eigenes Saatgut von Gemüse- und Blumenpflanzen. Bohnen, Erbsen, Gurken, Zucchini, Paprika und Tomaten sind unproblematisch und gut für die eigene Vermehrung geeignet. Unmöglich ist die Saatgutgewinnung allerdings, wenn Ihre Pflanzen aus Hybridzüchtungen stammen!

Bei den Sommerblumen reifen die Samen von Ringelblumen, Sonnenblumen, Astern, Jungfer im Grünen, Kapuzinerkresse und Tagetes leicht aus und können rechtzeitig geerntet werden.

Stützen Sie reichtragende Obstbaumäste ab, damit sie unter der Last nicht brechen. Fallobst muß regelmäßig aufgesammelt werden.

Halten Sie Ordnung auf dem Kompostplatz, damit keine Fäulnis und schlechte Gerüche entstehen. Bei großer Trockenheit müssen Kompostbehälter und Mieten begossen und eventuell mit Säcken oder Holzbrettern abgedeckt werden.

Naturgemäßer Pflanzenschutz

Samen sammeln

- Gegen Echten Mehltau an Rosen, Stauden, Gemüse oder Obstgehölzen weiter vorbeugend mit Schachtelhalm-Brühe, Knoblauch-Tee oder Sachalin-Staudenknöterich-Tee spritzen. Beim Ausbruch der Krankheit öfter in kurzen Abständen anwenden. Wirkungsvoller ist dann das Handelsprodukt »BioBlatt-Mehltaumittel«.
- Rostkranke Blätter und Früchte, die von der Monilia befallen sind, regelmäßig sammeln und vernichten. Nicht auf den Kompost bringen!
- Achten Sie auf die ersten Anzeichen von Kartoffel-Krautfäule oder Tomatenkraut- und Braunfäule. Kranke Pflanzenteile sofort entfernen. Am besten vorbeugend mit Schachtelhalm-Brühe oder Magermilch-Brühe spritzen. Empfehlenswert sind auch stärkende Mittel wie Algenpräparate und Steinmehl.
- Gegen Läuse, Milben und Blattwanzen notfalls mit Wermut- oder Rainfarn-Tee spritzen, am besten mehrmals im Abstand von ein bis zwei Wochen.

Achten Sie auf die letzte Generation der Lilienhähnchen (oben)! Kranke Tomatenfrüchte müssen sofort entfernt und vernichtet werden (unten).

- Lilienhähnchen und ihre Larven absammeln; Schildläuse an Oleanderblättern zerdrücken und abwaschen.
- Lauchmotten und Gemüsefliegen der Sommergeneration durch Netze von den gefährdeten Kulturen fernhalten.

Die zweite Generation der Kohlweißlinge ist für die Kohlpflanzen am gefährlichsten. Spritzen Sie in kurzen Abständen mit Tomatenblätter-Auszug oder Wermut-Tee, um die Schmetterlinge durch Fremdgerüche zu irritieren. Eier und Raupen müssen regelmäßig abgesammelt werden. Im Notfall helfen nützlingsschonende *Bacillus-thuringiensis*-Präparate.

Das Wichtigste auf einen Blick

Säen

Freiland: Chinakohl, Pak Choi, Herbstrüben, Pflücksalat, Weiße Frühlingszwiebeln, Radieschen, Schwarze Winterrettiche, Feldsalat, Spinat;
Winterkopfsalat, Spitzkohl, Adventswirsing, Blumenkohl, Winterzwiebeln;
Gründüngung (Senfsaat, Kleearten und andere);
zweijährige Kräuter (Petersilie, Löffelkraut, Barbarakraut, Kümmel); außerdem Löwenzahn und Winterportulak;

Pflanzen

Freiland: Kohlrabi, Chinakohl, Knollenfenchel, Winterlauch, Winterendivien;
Erdbeeren;
Iris, Pfingstrosen, Madonnenlilien, Steppenlilien, Kaiserkronen, Herbstkrokusse, Herbstzeitlosen;
zweijährige Blumen (Stiefmütterchen, Goldlack, Bartnelken und andere);
Stecklinge von Balkon- und Kübelpflanzen (Geranien, Fuchsien, Oleander und andere);
Nadelgehölze, Rhododendren, Buchsbaum;

Pflegen

Tomaten entgeizen, oberste Blüten abschneiden; hacken, gießen, mulchen, düngen; eigenes Saatgut sammeln;
Sommerschnitt der Beerensträucher und Sauerkirschen;
bei Rosen, Stauden, einjährigen Sommerblumen, Balkon- und Kübelpflanzen regelmäßig alles Verblühte entfernen; hohe Stauden binden und stützen;
Nadelholz-Hecken und Buchsbaum schneiden;
Rasen nicht zu tief schneiden.

Ernten

Tomaten, Bohnen, Rote Bete, Gurken, Zucchini, Salate, Möhren, Frühkohl, Zwiebeln, Knoblauch;
Staudenkräuter, einjährige Kräuter, zweijährige Kräuter;
Brombeeren, Himbeeren, Sauerkirschen, Pflaumen, Pfirsiche, Mirabellen, Äpfel, Birnen; Trockenblumen.

Der Biotip des Monats

Schneiden Sie erntereife Kräuter an einem sonnigen Tag am späten Vormittag. Dann sind die Pflanzen voller Kraft und die Blätter abgetrocknet. Verwenden Sie nur einwandfreie, gesunde Pflanzenteile. Schütteln Sie die Zweige, damit kleine Insekten herausfallen. Zu lockeren Sträußen gebündelt werden die Kräuter an einem sauberen, schattigen Platz zum Trocknen aufgehängt. Niemals dürfen die empfindlichen Pflanzen der prallen Sonne ausgesetzt werden!
Bewahren Sie die trockenen Blätter, Blüten und Samen in festverschlossenen Gläsern oder Dosen kühl und dunkel auf.

September

Der September ist der Monat des sanften Lichtes. Alles wird nun um einige Töne leiser: Die Sonne brennt nicht mehr so heiß und die Farben leuchten gedämpfter. Während die ersten Vögel die lange Reise zum Süden antreten, gibt der Sommer seine Abschiedsvorstellung. Noch leuchten die barocken Blüten der Dahlien. Aber Japaneranemonen und Staudenastern künden schon den Herbst an.

Oft bringt der September noch warme, sonnige Tage. Manchmal ist dieser »Altweibersommer« beständiger und freundlicher als der Hochsommer. Zu keiner anderen Jahreszeit wirken die Spinnennetze so schön wie jetzt. Nach taureichen Nächten blitzen sie wie Schmuckstücke im Morgenlicht.

Für den Gärtner aber heißt es jetzt die letzten Ernten einzubringen und langsam mit den Vorbereitungen für die Winterzeit zu beginnen.

Im Gemüsegarten

Letzte Aussaaten im Freiland

Feldsalat können Sie zu Beginn des Monats noch aussäen; der vitaminreiche Wintersalat wird dann zum Frühlingsbeginn erntereif sein. Auch Spinat wird im September für den ersten Frühjahrsschnitt gesät. In milden Landschaften lohnt es sich, im September schon Möhren (frühe Sorten) zu säen für eine zeitige Ernte im nächsten Frühling. Die kleinen Pflänzchen werden über Winter mit schützendem Reisig abgedeckt.

Pflanzen im Herbst

Anfang September können Sie noch kräftige Endiviensetzlinge auf die Beete verpflanzen. Wenn der Herbst lange warm bleibt, entwickeln sie sich noch zu brauchbaren Köpfen. Notfalls können Sie diesen Salat vor stärkeren Frösten mit Wurzelballen ausgraben und im Frühbeet oder im Gewächshaus in Sicherheit bringen.

Günstig ist die Pflanzzeit für Knoblauchzehen, die sowohl im Gemüsegarten als auch zwischen Rosen oder auf Baumscheiben gesetzt werden können.
Pflanzen Sie in diesem Monat neuen Rhabarber, je früher desto besser. Die Stauden treiben ja im Frühling zeitig aus, deshalb müssen sie vor dem Winter noch gut einwurzeln.
Im Gewächshaus wachsen noch Kopfsalat und Radieschen bis in den Winter hinein. Jungpflanzen können Sie dort immer noch auspflanzen.

Ernten und pflegen

Im übrigen werden im Gemüsegarten nun die letzten Ernten eingebracht: Tomaten, Paprika, Gurken und Zucchini reifen in der warmen Herbstsonne noch nach. Vor ersten kalten Nächten sollten Sie diese Südländer durch Plastikfolien, Tomatenhauben oder Schutzdächer in Sicherheit bringen.

Zwiebeln werden erst dann geerntet, wenn das Röhrenlaub sich von selbst umlegt.

Viele Kohlsorten werden jetzt reif. Verarbeiten Sie Weißkohl auch einmal zu Sauerkraut! So gewinnen Sie besonders schmackhafte und gesunde Vorräte für die Winterwochen.

Am Brokkoli wachsen immer noch zarte, grüne Röschen nach. Dieser Kohl kann lange im Freiland bleiben, denn die ersten Nachtfröste schaden ihm nicht. Rosenkohl ist ein winterhartes Gemüse. Damit die runden Sprossen sich kräftig entwickeln, brechen Sie den Pflanzen jetzt die Spitzen heraus.

Anfang September werden noch Zwiebeln und Knoblauch reif, die Sie trocknen und zu Zöpfen flechten. Auch die Sommersalate liefern noch späte Ernten. Erste Fenchelknollen, Chinakohl und Endivien wandern in die Küche. Wer öfter nachgesät hat, der kann noch Radieschen, Rettich, Kohlrabi und Spinat ernten.

Für Kartoffeln beginnt die Haupterntezeit. Je nach Pflanzzeit werden im Lauf des Monats mittelfrühe und späte Sorten ausgegraben. Wählen Sie immer einen warmen, trockenen Tag für die Kartoffelernte, damit die Knollen gut abtrocknen können.

Möhren, Sellerie, Schwarzwurzeln, Rote Bete und Lauch bleiben solange wie möglich im Freiland. Bei trockenem Wetter können Sie Endivienköpfe zusammenbinden und bleichen. Bei Regen verzichten Sie besser darauf, denn der gebundene Salat fault leicht.

Ein sonniger Tag ist ideal für die Kartoffelernte. Dann trocknen die Knollen gut ab.

An warmen Herbsttagen reifen noch Zucchinifrüchte nach, die Sie längere Zeit aufbewahren können.

Im Kräutergarten

Ernten und säen

Bei warmem Herbstwetter können Sie Anfang September die Kräuterernte fortsetzen. Die Samen des Teefenchels und Dillkörner reifen noch aus. Pfefferminze und Melisse liefern einen zweiten Schnitt. Trocknen Sie Blattsellerie in kleinen Sträußchen.
Im September werden auch Baldrianwurzeln ausgegraben. Nehmen Sie aber nur so viel, wie die Pflanzen ohne Schaden entbehren können.
Frische Würze liefern immer noch Salbei, Thymian, Estragon, Zitronenmelisse, Pimpinelle, Ysop, Eberraute, Schnittlauch, Dill, Petersilie, Salatrauke, Kerbel, Borretsch und Bohnenkraut.
Petersilie (glatt- und krausblättrige), Löffelkraut und Barbarakraut können Anfang September noch gesät werden. Einen Versuch wert sind auch die raschwachsenden Kräuter Kresse und Salatrauke.

Im Obstgarten

Pflegearbeiten im Beerengarten

Noch ist Erdbeer-Pflanzzeit. Nutzen Sie diese Möglichkeit spätestens Anfang September, um im nächsten Jahr süße Früchte vom eigenen Beet ernten zu können. Zwischen den alten Erdbeerreihen sollten Sie vor Winterbeginn die Mulchdecken noch einmal erneuern. Falls Sie es im August versäumt haben, streuen Sie vorher Kompost und organischen Dünger aus. Öftertragende Erdbeersorten bringen noch Früchte.Spätestens jetzt werden die abgetragenen Himbeerruten am Boden abgeschnitten; 8 bis 12 kräftige Jungtriebe bleiben erhalten. Den Brombeeren lassen Sie nur 4 bis 6 Jungtriebe, weil diese Beerensträucher sehr stark wachsen.

Ernten und Verwerten

Süße Pflaumen und Zwetschen warten darauf, zu Kuchen verarbeitet oder eingekocht zu werden. Auch zahlreiche Apfel- und Birnensorten sind erntereif. So erkennen Sie , wann der richtige Zeitpunkt gekommen ist: Drehen Sie die Frucht leicht in der Hand; wenn sich der Stiel dann von selbst löst, ist das Obst ausgereift.
Für die Lagerung sollten Sie nur einwandfreie Früchte aussuchen. Deshalb ist es wichtig, jeden Apfel und jede Birne behutsam abzunehmen und vorsichtig auf eine Steige oder in einen Korb zu legen. Angeschlagenes Obst fault schnell. Vergessen Sie auch nicht die wertvollen Wildfrüchte von Holunder, Ebereschen und Wildrosensträuchern.

Vorbereitungen für neue Pflanzungen

Neue Obstbäume und Beerensträucher werden erst im Spätherbst gepflanzt. Jetzt im September aber ist die ideale Zeit, um die Pflanzstellen gründlich vorzubereiten. Heben Sie die Gruben reichlich tief und breit aus. Füllen Sie Kompost, vermischt mit organischen Langzeitdünger ein, und decken Sie alles mit Laub oder Gras ab. Dann finden die Wurzeln der Gehölze später einen lockeren, nahrhaften Grund vor, in dem Sie leicht anwachsen können.

Den Pflaumenüberfluß können Sie einkochen, trocknen oder als Kuchenbelag verwenden.

Im Ziergarten

Haltbare Dahliensträuße
Üppig stehen jetzt die Dahlienbüsche in Blüte. Sie erinnern ein wenig an Bauernmädchen und Kirmesfeiern. Wenn Sie die prächtigen Blüten ganz aus der Nähe in einer Blumenvase bewundern möchten, dann sollten Sie die Dahlien halberblüht schneiden und möglichst viele Blätter und Knospen entfernen. Die Stengel werden am besten »unter Wasser« noch einmal angeschnitten. So halten sich diese herrlichen Spätsommerblumen besonders lange frisch.

Samen für Vögel und Trockensträuße
Zu den Schmetterlingsinseln im Garten gehören die kräftigen Büsche der Staudenastern, die jetzt in Rosa, Karminrot, Violett, Blau und Weiß blühen. Schneiden Sie die Stiele dieser ausdauernden Blumen nicht ab, wenn die Blütensterne verwelkt sind. Die Samenstände dienen vielen Vogelarten im Winter als Nahrung. Außerdem vermehren sich die Astern leicht durch »wilde« Aussaat. Sie bekommen auf diese Weise ganz preiswerte neue Pflanzen, die reizvolle Farbvariationen entfalten.
Viele Blüten- und Samenstände können Sie in diesen Wochen auch trocknen und so für dekorative Wintersträuße konservieren. Nicht nur die beliebten Strohblumen eignen sich dazu. Auch die kompakten Dolden der Zierschafgarben, die zierlichen Samenstände der Jungfer im Grünen, Schleierkraut, Gräser, Disteln, Silberling und viele andere sind für ein verlängertes Leben wie geschaffen. Schneiden Sie alle diese Pflanzen am späten Vormittag, wenn der Tau verschwunden ist. Die Stiele werden gebündelt und dann hängen Sie die Sträuße an einer Kordel kopfunter auf. In einem luftigen, schattigen Raum trocknen sie rasch und können, sobald die Stiele hart geworden sind, als Zimmerschmuck verwendet werden.

Japananemonen (oben) und Staudenastern (unten) gehören zu den schönsten herbstlichen Gartenbildern, die noch lange in Erinnerung bleiben.

Jetzt wird es Zeit, die Frühlingsblumenzwiebeln in die Erde zu legen. Bei früher Pflanzung entwickeln sich noch reichlich Wurzeln.

Die Pflanzzeit beginnt: Zweijährige, Stauden, Zwiebelblumen

In der zweiten Septemberhälfte beginnt die Pflanzzeit für Stauden und Zwiebelblumen. Bereiten Sie die Beete stets sorgfältig vor. Wildkraut, das Sie vor der Pflanzung mit Stumpf und Stiel entfernen, bereitet Ihnen in den folgenden Jahren keine Unannehmlichkeiten mehr. Rechtzeitige Kompostgaben vermischt mit organischem Langzeitdünger sorgen für einen gesunden Start ins neue Pflanzenleben.
Wer es nicht erwarten kann oder einen Herbsturlaub plant, der kann auch in der ersten Septemberhälfte schon Zwiebelblumen oder Stauden pflanzen. Zum Beginn des Monats sollten auf jeden Fall die Pfingstrosen in die Erde kommen, deren »glücklichste« Pflanzzeit im August liegt.
Für Narzissen und kleine Frühlingsblüher ist der frühe Pflanztermin ebenfalls empfehlenswert. Da sie sich zum Verwildern eignen, passen sie gut unter Gehölze. Versäumen Sie nicht, die zauberhaften kleinen Wildnarzissen kennenzulernen, die sich so gut in naturgemäße Gärten einfügen.
Zwiebelblumen kommen besonders gut über den Winter, wenn sie noch reichlich Wurzeln bilden können. Gut eingewachsene Pflanzen blühen im nächsten Frühling zeitiger als spät gesetzte Blumenzwiebeln. In wühlmausgeplagten Gärten sollten Sie statt Tulpen lieber Narzissen pflanzen. Diese Frühlingsblüher werden von den gefräßigen Nagern nicht angerührt!
Auch die letzten selbst ausgesäten zweijährigen Sommerblumen sind nun groß genug, um an die endgültigen Standorte umzuziehen. Versetzen Sie Stiefmütterchen, Bartnelken, Marienglockenblumen und Vergißmeinnicht möglichst rechtzeitig, damit sie vor dem Frost noch gut einwurzeln.
Wenn Sie den Boden auf leeren Beeten jetzt schon vorbereiten, aber erst später bepflanzen möchten, dann lohnt sich eine Abdeckung aus organischem Material. Eine Mulchschicht hält die Erde feucht und locker. Unter solchen Bedingungen wachsen die Jungpflanzen später besonders gut an. Sie können noch viele kräftige Wurzeln bilden und sind dadurch den Härten des kommenden Winters besser gewachsen.

Noch ist Zeit für Immergrüne

Im September setzt sich die Pflanzzeit für immergrüne Gehölze fort. Für Buchsbaum, Rhododendron und Nadelgehölze müssen die Pflanzgruben rechtzeitig vorbereitet werden. Wenn die Herbstsonne warm scheint, dürfen Sie das Gießen nicht vergessen!
Hecken aus Thuja, Fichten oder anderen immergrünen Nadelgehölzen können noch geschnitten werden.

Was gibt es sonst noch zu tun?

Wenn frühe Nachtfröste drohen, müssen Sie Zimmerblumen und Kübelpflanzen, die den Sommer im Garten verbracht haben, rechtzeitig ins schützende Haus bringen. Bei geringer Kälte hilft auch eine Abdeckung mit Noppenfolien.

Auf abgeernteten Beeten kann noch raschwachsende Gründüngung ausgesät werden. Am besten eignet sich jetzt Senfsaat. Nur dort, wo im nächsten Jahr Kohl eingeplant ist, wählen Sie besser eine andere Bodendecke, zum Beispiel Steinklee.

Biologische Abfall-Verwertung

Überall im Garten fallen jetzt reichlich »Abfälle« an. Lassen Sie davon nichts verkommen. Sammeln Sie Kartoffellaub, verwelkte Blumen, Unkraut, Gemüseabfälle, Laub und abgeschnittene Zweige sorgfältig ein. Wenn Sie aus diesem kostbaren Material Kompost zubereiten, verwandelt sich alles in wenigen Monaten wieder in nährstoffreiche Erde. Ein Biogärtner schließt so mit dem Kreislauf des Jahres auch den natürlichen Kreislauf der Stoffe.

Sammeln Sie das Kompostmaterial zuerst auf einem Extraplatz. Erst wenn die Menge für eine dicke Schicht reicht, wird zerkleinert, gut gemischt und aufgesetzt.

Naturgemäßer Pflanzenschutz

- Neue Leimringe müssen jetzt an den Stämmen der Obstbäume angebracht werden. Wo keine Frostspannerraupen beobachtet wurden, kann man darauf verzichten, um nützliche Insekten nicht unnötig durch die Leimfalle zu gefährden.
- Wellpappstreifen werden abgenommen und verbrannt.
- Kranke Früchte (Monilia, Obstmaden) regelmäßig sammeln und vernichten, um der Vermehrung Einhalt zu gebieten. Wenn der Schaden noch gering ist, können die gesunden Teile in der Küche verarbeitet werden.
- Bei den späten Kohlarten müssen Sie noch auf Kohlweißlingsraupen achten und die Tiere rechtzeitig absammeln.

Sammeln Sie die wertvollen Abfälle des Gartens, und achten Sie noch auf Kohlweißlingsraupen (rechts)!

Das Wichtigste auf einen Blick

Säen

Freiland: Feldsalat, Spinat, Möhren;
Löffelkraut, Petersilie, Barbarakraut, Kresse, Salatrauke;
Gründüngüng;

Gewächshaus: Salat, Radieschen.

Pflanzen

Freiland: Endivien, Knoblauch, Rhabarber;
Schnittlauch eintopfen;
Erdbeeren;
zweijährige Blumen, Stauden, Zwiebelblumen, Buchsbaum, Rhododendron, Nadelgehölze.

Pflege

Endivien binden, Spitzentriebe am Rosenkohl ausbrechen, Tomaten, Paprika, Gurken, Zucchini vor Frost schützen;
Erdbeeren mulchen und düngen;
Junge Himbeerruten und Brombeertriebe auslichten;
Pflanzstellen für Obstgehölze vorbereiten;
Nadelholz-Hecken schneiden; empfindliche Kübelpflanzen rechtzeitig einräumen.

Ernten

Tomaten, Paprika, Gurken, Zucchini, Kopfkohlarten, Brokkoli, Kohlrabi, Salate, Knollenfenchel, Chinakohl, Endivien, Radieschen, Rettich, Spinat, Zwiebeln, Knoblauch, Kartoffeln;
Vorräte: Teefenchel, Dillkörner, Blattsellerie, Pfefferminze, Melisse, Baldrianwurzeln; frische Küchenkräuter;
Pflaumen, Zwetschen, Äpfel, Birnen, Erdbeeren, Wildbeeren;
Trockenblumen, Samenstände.

Der Biotip des Monats

Der Spätsommer ist die Zeit der Schneckenhochzeiten. Wenig später legen die Tiere ihre Eier in Erdritzen und am Kompost ab. Achten Sie auf die prallen weißen Perlen, die in großen Mengen zusammenliegen. Wenn Sie sie rechtzeitig finden und vernichten, stoppen Sie die Vermehrung. Wichtig: Auf abgeernteten Beeten keine Löcher, zum Beispiel von herausgezogenen Pflanzen, hinterlassen. Dies sind ideale Höhlen für die Schnecken und ihr Gelege. Ziehen Sie die Erde immer wieder glatt. Halten Sie den Kompostplatz so ordentlich wie möglich.

Oktober

Das Jahr neigt sich langsam zu Ende, aber im Garten ist noch keine Feierabendruhe eingekehrt. Im Oktober werden noch viele Ernten eingebracht, und überall auf den Beeten beginnt das große Aufräumen. Auch die Zeit des Pflanzens ist noch lange nicht vorbei. Das milde Licht der Herbstsonne wärmt an vielen Tagen den Boden und den Rücken des Gärtners. Eine heiter-friedliche Atmosphäre erfüllt den Garten und die Landschaft. Der Abschied von der Fülle des Jahres scheint noch ein wenig hinausgeschoben. In diesen oft so beständigen, sonnigen Oktoberwochen schmerzt die Vergänglichkeit nicht. Die ersten Blätter, die von den Bäumen fallen, leuchten noch in warmen Farben. Es duftet nach Äpfeln und Erde. Die späten Rosen gleichen kostbaren Geschenken. Wie Perlenketten verzaubern die Tautropfen Gräser und Spinnwebnetze. In diesen Wochen genießen auch die Gärtner alle Freuden, die ihre kleine grüne Welt noch bietet. Sie sollten nicht nur im Keller, sondern auch im Herzen Vorräte sammeln für die langen, dunklen Monate, die bald folgen werden.

Im Gemüsegarten

Grünkohl und Endiviensalat bleiben noch auf den Gartenbeeten.

Ernten, Pflanzen, Pflegen

Im Herbst können Sie noch einmal die Früchte Ihrer Mühen überreich ernten. In der ersten Monatshälfte reifen die letzten späten Kartoffelsorten. Graben Sie sie bei trockenem Wetter aus. Für die Küche gibt es noch täglich frische Gemüse und Salate: Knollenfenchel, Chinakohl, Brokkoli, letzten Pflücksalat, erste Endivien, eine Kostprobe von Zuckerhut und Schwarzwurzeln, Radieschen, Rettich, Möhren, Sellerie, Rote Bete, Tomaten, Paprika und Gurken, solange die Vorräte reichen.

Bei Trockenheit sollten Sie alle Salate, die späten Kohlarten und andere Wintergemüse auf den Beeten wässern.

Für Aussaaten ist es nun zu spät. Nur den rechtzeitig ausgesäten Winterkopfsalat können Sie jetzt in tiefen Furchen auspflanzen. Wenn es friert, müssen die Setzlinge mit Tannenreisig abgedeckt werden. Auch ein paar Knoblauchzehen können Sie noch in die Erde stecken, wenn Sie im September keine Zeit dafür fanden.

Zwischen Spinat, Feldsalat und Rotem Zichoriensalat harken Sie die Reihen leicht durch und entfernen das Unkraut. Wenn Sie eine Mulchdecke aus dem reichen organischen Abfall, der sich jetzt überall ansammelt, ausbreiten, dann bleibt der Boden für den Rest des Jahres feucht, locker und unkrautfrei.

Der größte Teil der Ernte ist in Gläsern, Flaschen und Steinguttöpfen gut aufgehoben.

Vorräte im Haus und im Garten

Alle Gemüse und Salate, die im Herbst ausreifen, sollten möglichst lange im Freiland bleiben. Erst wenn wirklich starker Nachtfrost droht, holen Sie Möhren, Sellerie, Rote Bete, Schwarzwurzeln, Wurzelpetersilie, Chinakohl und Endivien in den Keller. Frischer und saftiger bleiben sie allerdings in Erdmieten oder im geschützten Frühbeet-Einschlag. Brokkoli verträgt einige Grad Kälte. Oft kann man noch im Winter kleine Röschen von diesem Kohl ernten. Auch der Zuckerhutsalat bleibt solange wie möglich im Garten. Er erträgt Frost

Gegen Ende Oktober können Sie Schnittlauchballen für die Wintertreiberei ausgraben.

bis minus 7 Grad. Lauch, Rosenkohl und Grünkohl verbringen den Winter ganz im Freiland. Nur in sehr rauhen Gegenden müssen Sie sie mit einer Reisigabdeckung schützen oder an einem günstigen Platz einschlagen.
Auch Schwarzwurzeln können unbeschadet im Beet bleiben und nach Bedarf frisch ausgegraben werden. Wenn der Boden hart gefroren ist, tritt allerdings eine Erntepause ein. Mit einer dicken, wärmenden Laub- oder Strohschicht kann die Erde noch längere Zeit frostfrei gehalten werden. Gleiches gilt für die wohlschmeckenden Knollen der Topinamburpflanzen.

Tomaten und Zucchini bleiben lange eßbar

Die letzten grünen Tomaten schneiden Sie mit den Stengeln vor der ersten Frostnacht ab. Hängen Sie diese Büschel kopfunter in einem Vorratsraum oder in der Küche auf. Sie reifen langsam nach und liefern noch im Winter rote Früchte. Für Suppen und Soßen eignen sie sich noch ausgezeichnet.
Die letzten großen, hartschaligen Zucchini halten sich in einem kühlen Raum noch wochenlang, oft sogar bis Weihnachten. Auch der Kürbis kann noch eine Weile bis zur endgültigen Verarbeitung im Vorratsraum liegen bleiben.

Im Kräutergarten

Staudenkräuter pflanzen und teilen

Alle ausdauernden Staudenkräuter können im Herbst neu gepflanzt oder aus alten Beständen geteilt werden. In diesen Wochen können Sie also noch das »Grundgerüst« eines Gewürzgartens zusammenstellen: Salbei, Origano, Ysop, Wermut, Beifuß, Estragon, Zitronenmelisse, Weinraute, Sauerampfer, Pimpinelle, Lavendel, Pfefferminze und der gute alte Schnittlauch gehören dazu. Thymian, der leicht auswintert, sollte besser im Frühling gepflanzt werden. Das Kräuterbeet wird nicht gedüngt, sondern nur mit Kompost versorgt.

Schnittlauch für die Wintertreiberei

Auch in diesem Monat können Sie Vorbereitungen für die Schnittlauchtreiberei treffen. Graben Sie gegen Ende Oktober einen kräftigen Ballen aus, und lassen Sie ihn zunächst einfach liegen. Er soll einmal richtig durchfrieren. Dann topfen Sie ihn ein und stellen ihn im Haus auf eine nicht zu warme Fensterbank. Bald können Sie dann mitten im Winter frische Schnittlauchtriebe ernten.

Wurzelernte

Geerntet werden jetzt außer den letzten frischen Würzblättern von Stauden und kurzlebigen Kräutern vor allem die Wurzeln von Baldrian, Beinwell, Engelwurz und Meerrettich. Die heilkräftigen Wurzeln von Baldrian, Beinwell und Engelwurz müssen gesäubert, in Stücke geschnitten und getrocknet werden. Die Meeretttichstangen schlagen Sie im Keller in feuchtem Sand ein.

Südländer in Sicherheit bringen

Kostbarkeiten aus südlichen Breiten sind gefährdet, wenn die ersten kräftigen Nachtfröste drohen. Da diese Duft- und Würzkräuter in der Regel in Töpfen kultiviert werden, können Sie rasch handeln. Rosmarin, Lorbeer, Duftblattgeranien und der herrliche Zitronenstrauch *(Aloysia triphylla)* müssen frostfrei aber kühl und hell überwintert werden, ähnlich wie der Oleander.

Im Obstgarten

Erntefülle im herbstlichen Garten

Späte Äpfel- und Birnensorten reifen in diesem Monat. Ernten Sie sie nicht zu früh, denn sie entwickeln ihr volles Aroma erst, wenn sie ganz ausreifen. Beim Pflücken sollten Sie vorsichtig mit diesen Früchten umgehen. Obst mit Druckstellen hält sich nicht! Nehmen Sie zum Lagern in einem luftigen Kellerraum nur unbeschädigte Früchte.

Ein plötzlicher Nachtfrost schadet Äpfeln und Birnen meist nicht. Sie vertragen bis zu minus 6 Grad. Fassen Sie die Früchte aber niemals an, solange sie gefroren sind.

Warten Sie also, bis es ein wenig wärmer wird. Die zweimal tragenden Himmbeersorten bringen in warmen Oktoberwochen noch einmal eine süße Ernte. Zu dieser späten Jahreszeit sind die roten Beeren ein kostbares Geschenk in erdigen Gärtnerhänden.

Auch von öftertragenden Erdbeersorten und von den aromatischen Monatserdbeeren dürfen Sie noch einmal im Vorübergehen naschen. Für lange haltbare Genüsse sorgen die reifen Nüsse, die jetzt von den Bäumen fallen, und zum Monatsende duftende Quitten.

Äpfel müssen sorgfältig geerntet werden, damit sie keine Druckstellen bekommen.

Baumscheiben-Pflege

Im Herbst sollten Sie Ihre Bäume, die soviel Kraft verausgabt haben, noch einmal düngen. Sehr wichtig ist auch die sorgfältige Pflege der Baumscheibe. Sie muß möglichst umfangreich angelegt werden und ungefähr dem Kronendurchmesser entsprechen. Versorgen Sie diese Fläche mit einer dicken Kompostschicht, mit Dünger und mit einer Laubdecke. Bedenken Sie, daß die feinen Saugwurzeln der Bäume, die Wasser und Nährstoffe aufnehmen, überwiegend im Bereich der Kronentraufe liegen. Nahe am Stamm befinden sich nur stabile Verankerungswurzeln.

Neue Obstbäume und Beerensträucher

Ab Ende Oktober beginnt die Pflanzzeit für die meisten Obstgehölze. Wenn kein Saft mehr steigt und die Blätter fallen, können Sie in sorgfältig vorbereiteten Pflanzgruben Apfel-, Birnen- und Pflaumenbäume in die Erde setzen. Auch neue Beerensträucher werden jetzt gepflanzt.

Mit empfindlichen Obstarten, wie Pfirsich, Aprikosen, Kiwi, Weinreben und Nußbäumen warten Sie besser bis zum Frühling. Dann ist die Zeit auch günstiger für Brombeeren und Quitten.

Es lohnt sich, den herbstlichen Erntesegen ins Haus zu holen – als Vorrat für die lange Winterzeit.

Im Ziergarten

Aufräumen und Gewährenlassen

Viele einjährige Sommerblumen sind nun verblüht. Reißen Sie die Pflanzen heraus und bringen Sie sie zum Kompost. Dort kehren sie in den unaufhörlichen Kreislauf der Stoffe zurück. Sie werden den Pflanzen des kommenden Jahres als frische Nahrung dienen.

Auf den Staudenbeeten leuchten in diesen Wochen noch zahlreiche späte Blüten: Staudensonnenblumen, die letzten Staudenastern, Herbstanemonen, Myrtenastern, Herbstmargeriten und auch die Chrysanthemen. Räumen Sie auch hier schon vorsichtig auf. Alle verblühten Stauden schneiden Sie zurück. Zwischen den Pflanzen jäten Sie das letzte Unkraut und lockern den Boden. Achten Sie aber darauf, daß die Wurzeln nicht beschädigt werden.

Besonders reizvoll wirken im Herbst die verschiedenen Staudengräser. Lassen Sie sie ungestört über Winter stehen. Es wäre unsinnig, sie aus übertriebenem Ordnungssinn zu früh zurückzuschneiden. Die rinnenartige Konstruktion der Halme leitet nämlich über Winter überschüssiges Wasser nach außen ab. so wird das Herz der Pflanzen vor zu viel Feuchtigkeit und vor Fäulnis bewahrt. Nur das Pampasgras braucht im späten Herbst eine Sonderbehandlung. Damit können Sie sich aber bis Anfang November Zeit lassen, denn noch leuchten die prächtigen Federbüsche als auffallende Attraktion durch den ganzen Garten.

Gute Zeit für neue Stauden – Höchste Zeit für Zweijährige

Im Oktober können Sie aber auch schon ein neues Staudenbeet anlegen. Fast alle ausdauernden Blütengewächse und die meisten Gräser (außer Pampasgras) eignen sich für die Herbstpflanzung. Am günstigsten ist diese Zeit natürlich für die Frühlings- und Sommerblüher. Wenn Sie eine größere Auswahl neuester und bewährter alter Züchtungen haben möchten, dann bestellen Sie am besten aus den reichhaltigen Katalogen der großen Staudengärtnereien.

Malerische Gräser wie die Rutenhirse (oben) und das Chinaschilf (unten) verzaubern den Herbstgarten.

Nach dem ersten Frost werden die Dahlienknollen ausgegraben, das Laub zurückgeschnitten.

Wenn Sie die Aussaaten der Zweijährigen, zum Beispiel Bartnelken, Goldlack und Marienglockenblumen, noch nicht verpflanzt haben, dann ist es Anfang Oktober höchste Zeit, sie auf die vorgesehenen Beete zu setzen. Stiefmütterchen können Sie unbesorgt auch später noch verpflanzen.

Blumenzwiebeln haben Hochsaison

Auch für alle Zwiebelblumen ist im Oktober günstige Pflanzzeit. Sie können sie, falls Sie im September keine Muße dazu fanden, noch überall im Garten verteilen. Viele dieser bunten Frühlingsboten sind so preiswert, daß es sich lohnt, alle Jahre ein paar neue Sorten zu pflanzen und so die Blütenpracht immer üppiger zu gestalten. Für naturgemäße Gärten eignen sich vor allem die botanischen Arten und Sorten von Krokussen, Tulpen und Narzissen! Unter Bäumen und Sträuchern fühlen sich im Schutz von Laub und Bodendeckern außerdem Märzenbecher, Schneeglöckchen, Winterlinge, Blausternchen, Schneeruhm und Traubenhyazinthen wohl. Je eher Sie sie in diesem Monat pflanzen, desto besser werden alle Zwiebelblumen noch einwurzeln.

Rosen und Sträucher: Warten bis die Blätter fallen

Wer im Herbst neue Rosen oder andere Laubgehölze pflanzen möchte, der muß sich meist bis zum Monatsende gedulden. Erst wenn die Ruhezeit beginnt und die Blätter abfallen, sind diese Pflanzen für einen Umzug bereit. Diese Regel gilt auch für alle Klettergewächse, die im Herbst ihr Laub abwerfen. Nutzen Sie die ersten Oktoberwochen schon, um alle Pflanzstellen mit Kompost, organischem Dünger und einer Laubabdeckung vorzubereiten.
Ab Ende Oktober können Sie dann Rosen, Ziersträucher, Wildsträucher und Klettergehölze (zum Beispiel Clematis, Geißblatt oder Knöterich) pflanzen. Glyzinen sind empfindlich und dürfen nur im Frühling neu gesetzt werden.

Dahlien und Sommerzwiebelblumen ausgraben

Dahlien bleiben solange im Freiland, bis der erste Frost Blätter und Blüten vernichtet. Danach graben Sie die Knollen an einem sonnigen Tag aus. Die

Drei Finger breit (etwa 5 cm) muß die Veredelungsstelle der Rosen unter der Erdoberfläche liegen.

Stiele werden abgeschnitten, nur ein etwa handhoher Stengelrest bleibt stehen. Lassen Sie möglichst viel Erde in den Zwischenräumen der Knollen. Nachdem die »großen Brocken« einen Tag lang etwas angetrocknet sind, können Sie sie im Keller in Kisten mit feuchtem Sand einschlagen.
Auch Gladiolen, Knollenbegonien, Freesien und Pfauenlilien werden bis Ende Oktober ausgegraben. Ihre Zwiebeln und Knollen bringen Sie in ein trockenes Winterquartier. Vergessen Sie aber nicht, rechtzeitig überall Namensetiketten anzubringen, sonst stehen Sie im nächsten Frühling vor undurchschaubaren Problemen.

Winterquartier für Balkon- und Kübelpflanzen

Die Sommerblumen in den Balkonkästen werden nun unansehnlich. Wenn Sie einen kühlen, hellen Raum besitzen, können Sie Geranien, Fuchsien, Lantanen, Strauchmargeriten und Heliotrop gut überwintern. So sparen Sie im nächsten Frühling viel Geld. Rechtzeitig vor dem ersten Frost sollten Sie Ihre Kästen ausräumen und die Pflanzen ausquartieren oder auf den Kompost bringen.
Frostempfindliche Kübelpflanzen wie Oleander, Engelstrompeten und Kaplilie *(Agapanthus)* müssen ebenfalls rechtzeitig in einen kühlen, hellen Raum zur Überwinterung gebracht werden. Geeignet sind zum Beispiel Kellerräume oder Waschküchen mit Fenstern, frostfreie Treppenabsätze mit Glasbausteinen oder ungeheizte Schlafräume.
Es wäre schade, wenn der Blick auf den Balkon nun monatelang auf eine winterliche Wüste fiele. Versuchen Sie es doch einmal mit einer frostharten Bepflanzung, die bis zum nächsten Mai eine hübsche Kulisse bildet: Schneeheide, niedrige Koniferen und Gräser eignen sich dazu. Sie können auch ruhig ein paar Krokus- und Tulpenzwiebeln dazwischen »verstecken«.

Letzte Rasenpflege

Der Rasen wird im Oktober noch einmal geschnitten. Laub und Gras müssen Sie sorgfältig wegharken. Zwischen den Sträuchern sollten Sie dagegen die fallenden Blätter liegenlassen. Sie bilden dort eine schützende Bodendecke, die sich zu Humus zersetzt. Zahlreiche Tiere finden unter ungestörten Laubansammlungen ein warmes Plätzchen für den Winterschlaf.

Was gibt es sonst noch zu tun?

Bei anhaltender Trockenheit müssen Sie die frischgepflanzten immergrünen Gehölze wässern.
Bereiten Sie das leere Mistbeet für eine neue »Heizung« vor. Wer jetzt schon die Erde tief genug aushebt und die Grube mit Laub füllt, der kann im Februar problemlos den Mist einfüllen.
Von den reichlich anfallenden Gartenabfällen können Sie ein Hügel- oder Hochbeet aufschichten.

Rund um den Boden

Nach der Ernte ist die beste Zeit für eine Bodenanalyse. Schicken Sie Ihre Proben im Spätherbst ein, dann erfahren Sie rechtzeitig, ob Sie im zeitigen Frühling gezielt düngen oder kalken müssen.
Abgeerntete Beete werden gesäubert und anschließend mit der Grabgabel oder dem Sauzahn tief gelockert. Dann ziehen Sie die Oberfläche mit dem Rechen glatt und decken die Fläche über Winter mit Mulchmaterial zu. Nur für sehr schwere Böden empfiehlt es sich, grobschollig umzugraben.

Für nützliche Freunde sorgen

Wenn Sie im Garten Ordnung schaffen, dann sollten Sie daran denken, daß viele nützliche Mitbewohner in der Natur von ein wenig Unordnung leben. Lassen Sie, außer auf dem Rasen, Laubdecken liegen. Ein paar Samenstände bleiben für die Vögel stehen, und eine stille Ecke mit einem Hügel aus Ästen und Blättern dient dem Igel als winterlicher Unterschlupf.

Naturgemäßer Pflanzenschutz

- Wenn es nötig sein sollte, können noch Leimringe an den Obstbäumen befestigt werden.
- Kranke Früchte regelmäßig auflesen; auch in den Bäumen dürfen keine verschrumpelten Fruchtmumien hängenbleiben.
- Vogelnistkästen müssen gereinigt werden.

Das Wichtigste auf einen Blick

Säen –

Pflanzen

Freiland: Winterkopfsalat, Knoblauch; Staudenkräuter (Estragon, Zitronenmelisse, Pfefferminze und andere); Schnittlauch eintopfen; Apfel-, Birnen- und Pflaumenbäume; Beerensträucher;zweijährige Sommerblumen, Stauden, Zwiebelblumen; Rosen, Ziersträucher, Wildsträucher, Kletterpflanzen.

Pflege

Wässern, hacken, mulchen; Beete säubern und lockern, Pflanzstellen vorbereiten, Obstbäume düngen; Frostschutz; Bodenanalyse;
Gemüse und Salate einschlagen;
Balkon- und Kübelpflanzen, südländische Kräuter ins Winterquartier bringen;
Rasen mähen, Laub sammeln.

Ernte

Pflücksalat, Endivien, Chinakohl, Brokkoli, Knollenfenchel, Zuckerhut, Schwarzwurzeln, Möhren, Sellerie, Rote Bete, Radieschen, Rettich, Tomaten, Paprika, Gurken, Kartoffeln, Topinambur;
Wurzeln von Meerrettich, Baldrian, Beinwell, Engelwurz;
Äpfel, Birnen, Nüsse, Quitten, Erdbeeren und Himbeeren von öftertragenden Sorten.

Der Biotip des Monats

Wenn Sie aus den Abfallbergen des herbstlichen Gartens guten Kompost machen wollen, müssen Sie diese Regeln beachten: Unterschiedliches Material sammeln, zerkleinern, mischen und lagenweise locker aufsetzen. Dazwischen ein wenig Algenkalk, Dünger und Grobkompost streuen. Mit Laub, Stroh oder Gras abdecken. Kompost muß locker und feucht sein. Sauerstoff, Feuchtigkeit und Wärme sind wichtig für eine harmonische Rotte.

November

Nun ist es wieder soweit: Kahl und abgeräumt liegt der Garten unter dem grauen Novemberhimmel. Meist triefen diese frühen Winterwochen von Regen und feuchten Nebeln. Manchmal läßt ein plötzlicher Frost die Nässe spiegelglatt erstarren. Das erste Schneegestöber kündigt den endgültigen Wechsel der Jahreszeiten an.

Dennoch leuchtet es hier und da noch aus geschützten Gartenecken: eine letzte Rosenknospe öffnet sich im fahlen Novemberlicht. Chrysanthemenbüsche überstehen unbeschadet die ersten Fröste. Kupferrot, goldbraun, sonnengelb, rosa und weiß blühen diese uralten Blumen aus dem fernen Asien bei uns in die ersten Wintertage. Ihr Laub riecht herb und würzig. Der strenge Duft weckt Gedanken an die Vergänglichkeit aller Dinge. Aber noch kann der Gärtner die Hände nicht in den Schoß legen. Bei gutem Wetter gibt es immer noch wichtige Arbeiten zu erledigen.

Im Gemüsegarten

Gemüse einlagern

Bevor es wirklich kalt wird, sollten Sie die letzten Wintergemüse einlagern. Anfang November können Sie Chicoréewurzeln in den Keller holen und in Eimer mit feuchtem Sand stecken. Im Dunkeln treiben dann während der nächsten Wochen die bleichen, aber delikaten Chicoréezapfen. Auch Möhren, Rote Bete, Schwarzwurzeln, Spätkohlarten (Rotkohl, Weißkohl, Blumenkohl) und Sellerie sind jetzt in frostsicheren Kellern oder in einem Frühbeetkasten besser aufgehoben als im Freiland. Kühle, feuchte Kellerräume, in denen sich die Wintergemüse lange frisch halten, sind leider selten geworden. In trockenen, warmen Kellerräumen müssen Sie sehr darauf achten, daß der Sand in den Lagerkisten feucht bleibt. Besser halten sich viele Wintergemüse in einer Miete oder im ungenützten Frühbeet. Schützen Sie es durch Strohmatten über den Fenstern und eine dicke Laubschicht an den Außenseiten vor der Kälte.

Gemüse, das in der Kälte bleibt

Feldsalat und Roten Zichoriensalat decken Sie gegen Ende November besser mit Fichten- oder Kiefernreisig zu. Auch die Wintersaaten von Möhren und Zwiebeln, sowie die Pflänzchen des Winterkopfsalates werden abgedeckt.
Brokkoli können Sie oft noch den ganzen November hindurch essen. Reißen Sie die Pflanzen nicht zu früh aus; sie vertragen ohne Schaden einige Grade Frost. Wenn der November mild bleibt, dann liefern auch Endivien und Zuckerhut noch frische Freilandernten.

Vor der ersten Kälte schützen Sie diese kernigen Salate durch rechtzeitig aufgestellte Folientunnel.
In sehr kalten Landschaften müssen Sie Lauch und Rosenkohl an einer geschützten Wand, im Frühbeet oder im Kleingewächshaus einschlagen. In milden Gegenden, wie zum Beispiel im Rheinland, bleiben diese Gemüse im Freiland. Grünkohl braucht Frost und überwintert auf jeden Fall im Garten.

Im Kräutergarten

Späte Ernten, letzte Pflanzung

Anfang November können Sie noch Wurzeln ausgraben: Meerrettich und Wurzelpetersilie werden im Keller eingeschlagen; Beinwell-Wurzeln und Engelwurz werden für die Hausapotheke getrocknet.
Petersilie, Löffelkraut, Barbarakraut und Winterportulak liefern frische Küchenwürze.
Bei offenem Wetter können robuste Staudenkräuter, zum Beispiel Beinwell, Beifuß, Wermut, Liebstöckel und Origano noch gepflanzt werden. Nach einem kräftigen Frost holen Sie den ausgegrabenen Schnittlauch zum Treiben ins Haus.

Im Obstgarten

Pflanzen und pflegen

Für Beerensträucher und Obstgehölze ist immer noch günstige Pflanzzeit. Denken Sie daran, die jungen Bäumchen an einem kräftigen Pfahl festzubinden, damit die Winterstürme sie nicht knicken. Auch die frisch gepflanzten Beerensträucher und Obstbäume bekommen schon eine Baumscheibe.
Obstbäume können Sie jetzt schon auslichten und verjüngen. Kontrollieren Sie im Obstgarten noch einmal die Baumscheiben. Mulchdecken sollten nicht zu dick ausgebreitet sein, weil sonst Mäuse angezogen werden.

Wenn es friert, müssen die Möhren rechtzeitig in den Keller geholt und in Sand eingeschlagen werden.

Ein Spaziergang durch den wohlversorgten Spätherbstgarten löst bei einem guten Gärtner behagliche Gefühle aus: Jetzt kann es Winter werden. Er hat das seine getan und kann sich nun auf ruhige Stunden freuen.

Im Ziergarten

Letzte Blütenfreuden

Wenn der erste strenge Nachtfrost angesagt wird, lohnt es sich, die blühenden Chrysanthemenstauden mit Folien kurze Zeit abzudecken. Sie danken es mit langanhaltender warmer Farbenpracht. Diese letzten Blumen lassen das Gartenjahr festlich ausklingen. Sie trösten uns über die erste Kälte hinweg und hinterlassen die Hoffnung auf den Neubeginn des Blühens im nächsten Frühling.

Schneiden Sie auch rechtzeitig einen bunten Chrysanthemenstrauß für den Wohnraum. Diese Blumen halten noch wochenlang im Zimmer!

Winterschutz für die Rosen

Die Rosen müssen Sie nun endgültig auf den Winter vorbereiten. Häufeln Sie jeden Strauch mit Erde oder Kompost an. Allzu struppige, lange Triebe können Sie ein wenig einkürzen. Aber der eigentliche Rosenschnitt wird erst im Frühling durchgeführt. Gärtner, die allzu sehr auf Ordnung bedacht sind, machen immer noch den Fehler, ihre Rosen schon im Herbst ganz kurz zurückzuschneiden. Die Minizweige, die dann übrigbleiben, frieren bei starken Frösten oft bis zum Boden ab. Im Frühling hat dann kein gesundes Auge für den Austrieb überlebt. Von längeren Zweigen kann man dagegen später leicht trockene und erfrorene Stücke abschneiden. Die Rosen behalten dann immer noch genügend Holz für ein gesundes, neues Wachstum. Arbeiten Sie also lieber nach den Spielregeln der Natur, statt nach strengem menschlichen Ordnungssinn!

In kalten Landschaften müssen Sie die Rosen zusätzlich mit einem Mantel aus Fichtenreisig schützen. Vor allem die Zweige der Kletterrosen, die an sonnigen Hauswänden hochranken, sind der Winterwitterung ausgesetzt. Ähnlich wie bei Obstgehölzen kann ihnen der Wechsel von sonnigen Tagen und kalten Nächten gefährlich werden. Auch scharfer Wind

Chrysanthemen blühen noch in den November hinein und halten lange in der Vase.

trocknet diese Zweige leicht aus. Binden Sie deshalb Fichtenzweige an den Ranken fest, die den »Angriff« von Kälte, Sonne und Wind ausgleichen.

Die empfindlichen Hochstammrosen müssen entweder mit Fichtenzweigen locker eingebunden oder eingegraben werden. Dazu beugt man den Stamm vorsichtig zu Boden, legt die Krone in eine flache Mulde und häuft reichlich Erde über die Veredelungsstelle.

Das Pampasgras braucht ein »trockenes Herz«

Das Pampasgras aus Südamerika darf bei uns im Winter keine nassen Füße bekommen. Binden Sie die langen Grashalme wie einen Pferdeschwanz zusammen. So bildet sich ein natürlicher Wasserablauf nach außen. Das Herz der Stauden bleibt vor Nässe geschützt. Häufen Sie außerdem noch eine wärmende Laubschicht rings um die Pflanzen auf.

Pflanzen und Aufräumen

Bei frostfreiem Wetter können Sie im Ziergarten noch jederzeit Laubgehölze pflanzen. Dazu gehören Rosen, Sträucher und Kletterpflanzen. Auch für Hecken, zum Beispiel aus Liguster oder Hainbuchen, ist diese Zeit günstig. Wenn nach einem langen Herbst Bäume und Sträucher erst spät ihr Laub verlieren, dann ist ein feuchter, nicht zu kalter November für die Gehölzpflanzung besser geeignet als der Oktober. Solange der Boden offen ist, können Sie auch noch Stauden und Blumenzwiebeln pflanzen.

Was gibt es sonst noch zu tun?

Alle organischen Abfälle, die sich bei den letzten Arbeiten ansammeln, werden noch sorgfältig in den Kompost eingearbeitet. Räumen Sie diesen Platz in den letzten Herbsttagen auf. Er sollte keine Gerümpelecke sein. Hier reift der wertvolle Humus für das nächste Gartenjahr. Bei sehr regenreichem Wetter ist es ratsam, Kompostmieten und offene Silos abzudecken, damit nicht zuviel Nässe ins Innere dringt. Die Gefahr der Fäulnis ist vor allem dann groß, wenn Nässe und Kälte zusammenwirken.
Für die Anlage eines Hügel- oder Hochbeetes ist die Zeit jetzt noch sehr günstig. Es ist reichlich Material aus dem abgeräumten Garten vorhanden.
Falls noch nicht geschehen, können Sie Bodenproben für eine Analyse einschicken. (Adressen von biologisch ausgerichteten Instituten finden Sie im Anhang.)
Bei kaltem Wetter können Sie schon mit dem Baumanstrich beginnen.
Bringen Sie alle Gartengeräte ins Haus oder in den Schuppen; Zäune und Gartentore können ausgebessert werden.

Naturgemäßer Pflanzenschutz

- Sorgen Sie dafür, daß möglichst viele Nützlinge im Garten überwintern können: Laubdecken und Reisighaufen liegenlassen, Schmetterlinge und Florfliegen auf Speichern und im Gartenhäuschen als »Untermieter« dulden, Samenstände und wilde Beeren übriglassen als natürliches Futter für kalte Zeiten.
- Achten Sie immer noch auf krankes Laub und Obst. Wer alles regelmäßig sammelt und vernichtet, der beseitigt die Infektionsquellen für das kommende Jahr.
- Bei der Bodenbearbeitung und am Kompostplatz auf Schneckeneier aufpassen!

Das Wichtigste auf einen Blick

Säen –

Pflanzen

Freiland: Staudenkräuter (Beinwell, Liebstöckl, Beifuß und andere); Obstbäume, Beerensträucher;
Blumenzwiebeln, Stauden, Rosen, Sträucher, Laubbäume.

Pflegen

Im Freiland Wintergemüse, Salat und Kräuter abdecken; frostempfindliche Gemüse und Salate einschlagen; Baumscheiben mulchen; Rosen anhäufeln und mit Fichtenzweigen schützen;
Beete abräumen und säubern, Kompostplatz aufräumen.
Überwinterungsmöglichkeiten für Nützlinge schaffen;

Ernten

Winterkohlarten, Brokkoli, Chicorée, Möhren, Lauch, Rote Bete, Schwarzwurzeln, Sellerie, Feldsalat, Zuckerhutsalat, Endivien;
Petersilie, Löffelkraut, Barbarakraut, Winterportulak.

Der Biotip des Monats

Für eine Bodenanalyse graben Sie von verschiedenen Stellen im Garten Erde aus der oberen Bodenschicht aus. Verpacken Sie Gemüsegarten-, Blumengarten- oder Kräutergartenproben separat mit entsprechender Beschriftung. Bei einer normalen Untersuchung erhalten Sie Auskünfte über Bodenart, Kalkzustand, Phosphor-, Kali- und Magnesiumgehalt.

Dezember

Wie wohltuend wirkt in unseren Breiten der Wechsel der Jahreszeiten! Auf die turbulenten Zeiten des Wachstums und der Ernte folgt nun die Stille des Winters. Die Wärme des Sommers ist in Kälte und Frost übergegangen. Die Natur gibt dem Gärtner zu verstehen, daß es nun an der Zeit ist, die Hände in den Schoß zu legen. Besinnung und dankbare Erinnerung an den Segen des vergangenen Gartenjahres können nicht schaden.

Nutzen Sie die langen Abende im Winter, um Ihr Wissen von den Pflanzen und von den naturgemäßen Anbaumethoden zu vertiefen. Auch der beste Gärtner lernt nie aus! Deshalb gehört er ja auch zu den glücklichen Menschen, denen es im Leben nie langweilig werden kann – nicht einmal im Winter.

Im Gemüsegarten

Eine Winterschönheit ist der bereifte Grünkohl. Er schmeckt erst richtig nach dem ersten Frost.

Freiland-Gemüse schützen

Nach dem ersten Frost schmeckt der Grünkohl erst richtig gut. Solange sollten Sie mit der Ernte warten. Im übrigen beschränken sich die Arbeiten auf wenige fürsorgliche Handgriffe. Gemüse, die während des Winters im Freiland bleiben und auch bei Kälte geerntet werden können, sollten Sie mit einer lockeren Abdeckung aus Fichtenzweigen schützen. So werden die Pflanzen nicht von Eis und Schnee »eingemauert«.

Noch sicherer sind ein niedriger Folientunnel oder Frühbeetfenster, die über den Beeten aufgestellt werden. Feldsalat und Roter Zichoriensalat können auf diese Weise »küchenbereit« gehalten werden.

Lauch, Rosenkohl und Zuckerhutsalat werden erst vor strengen Frösten ausgegraben und an geschützten Stellen mit Wurzelballen eingeschlagen, zum Beispiel im Frühbeet oder an einer warmen Hauswand. Ernten können Sie natürlich laufend von allen Gemüsen und Salaten, solange die Vorräte reichen. – Vielleicht gibt es im Gewächshaus sogar noch Salat und Radieschen.

Vorräte überprüfen

Im Keller sollten Sie öfter nach den Vorräten sehen. An frostfreien Tagen ist ein kurzes Durchlüften empfehlenswert. Gemüse, das zu faulen beginnt, muß sofort aussortiert werden. Kontrollieren Sie die Feuchtigkeit der Behälter, in denen das Wurzelgemüse eingeschlagen ist. Der Sand soll weder trocken noch triefend naß sein. Die angenehme Feuchtigkeit eines leicht ausgedrückten Schwamms kann Ihnen als Maßstab dienen.

Im Kräutergarten

Ernte drinnen und draußen

Unter einer schützenden Abdeckung aus Fichtenzweigen oder Folientunneln können Sie frische Petersilie, Löffelkraut, Barbarakraut und Winterportulak ernten.

Holen Sie, falls dies noch nicht geschehen ist, die vorbereiteten Schnittlauchballen zum Treiben auf

Bevor es richtig kalt wird, sollten Rosen und empflindliche Stauden abgedeckt werden.

eine nicht zu warme Fensterbank. Dort gedeihen auch noch zusätzliche Vitamine:
Säen Sie in kleinen Schalen auf feuchter Watte oder in nassem Sand Kressesamen aus. Auch Keimsprossen ergänzen in der Winterzeit das schmal gewordene Angebot des Gartens.

Im Obstgarten

Obstkontrolle und Baumschnitt

Beobachten Sie regelmäßig die Früchte, die im Vorratskeller gelagert sind. Sortieren Sie einmal in der Woche Äpfel und Birnen mit schadhaften Stellen aus. In sehr trockenen Kellern können Sie die Luftfeuchtigkeit erhöhen, wenn Sie ab und zu den Boden mit Wasser besprengen. Die Früchte werden dann nicht so schnell runzelig.
Im Obstgarten gibt es nicht viel zu tun. Bei günstiger Witterung können Sie mit dem Baumschnitt beginnen und die ersten Edelreiser schneiden. Bis zum Frühling werden sie im Keller in feuchtem Sand eingeschlagen.

Im Ziergarten

Pflegen und pflanzen

Bei mildem Wetter können Sie noch liegengebliebene Arbeiten nachholen: Stauden zurückschneiden, Rosen anhäufeln und empfindliche Pflanzen mit Fichtenzweigen abdecken. Solange der Boden nicht gefroren ist, können immer noch Rosen und Sträucher gepflanzt werden. sogar vergessene Blumenzwiebeln dürfen Sie ohne Bedenken noch in die Erde legen. Dort sind sie auf jeden Fall besser aufgehoben als im Keller. Was macht es schon, wenn sie im Frühling ein bißchen verspätet blühen!

Den Gartenteich winterfest machen

Kontrollieren Sie noch einmal gewissenhaft Ihren Gartenteich und kleine Wasserbecken. Strenge Fröste setzen meist erst im Januar ein. Bis dahin müssen Sie vorgesorgt haben. In tieferen Teichen (mindestens 70 cm) können Seerosen ohne weiteres überwintern. Sie sind dort sicher vor dem Eis. Die übrigen Pflanzen und Tiere in der kleinen Wasserwelt benötigen im eiskalten Notfall unbedingt ein Minimum an Sauerstoff. Stecken Sie einen dicken Strohbusch in das Wasser. Die Halme sorgen für feine Luftkanäle. Trotzdem sollten Sie, sobald es stärker friert, jeden Morgen ein Loch in die Oberfläche schlagen.
Seerosen aus flachen Gewässern müssen herausgenommen und in einem frostsicheren Keller überwintert werden.

Blüten im Schnee

Bei einem Spaziergang durch den winterlichen Garten können Sie trotz der schlafenden Jahreszeit noch manches Zeichen des Lebens entdecken: Die Schneeheide beginnt in Rosa und Weiß zu blühen, und manchmal zeigen auch die Zaubernußsträucher schon die ersten Goldglöckchen. Um die Weihnachtszeit öffnen die Christrosen ihre weißen Sterne. Jedes Jahr von neuem wirken diese zarten Blüten wie ein Wunder zwischen Eis und Schnee.

Aber auch einzelne Zweige mit trockenen Hagebutten, ein bizarrer Ast der Korkenzieherhasel und letzte Gräser entfalten winterliche Schönheit. Sie wirken bezaubernd im ersten Rauhreif, lassen sich aber auch als aparter Zimmerschmuck für die Vorweihnachtszeit verwenden. Zu Beginn des Monats Dezember dürfen Sie nicht vergessen, die Barbarazweige zu schneiden. Dazu eignen sich besonders gut Kirschen und Forsythien.

Was gibt es sonst noch zu tun?

Küchenabfälle Kompostieren

Auf dem Kompostplatz gibt es immer noch einiges aufzuräumen. Küchenabfälle können Sie während des ganzes Winters in geschlossenen Silos oder Spezialtonnen kompostieren, wenn bereits ein Vorrat an halbverrottetem Material vorhanden ist. Mischen Sie die Haushaltsreste stets sorgfältig unter diese Masse. Sie werden rasch von den Mikroorganismen und Bodentieren verarbeitet, solange noch genügend Wärme in den Kompostbehältern herrscht. Streuen Sie öfter ein paar Hände voll Steinmehl unter die Abfälle, damit überschüssige Feuchtigkeit gebunden wird.

Werkzeug-Pflege

Das Gartenwerkzeug sollte im Winter gereinigt und ausgebessert werden. Je sorgfältiger es behandelt wird, desto länger hält es sich. Gute Geräte sind nicht billig, sie verdienen deshalb eine gute Behandlung. Während der Sommermonate bleibt meist keine Zeit für gründliche Pflege. Holen Sie dies jetzt nach. Metallteile und Holzstiele werden sorgfältig gesäubert und mit Öl oder Fett eingerieben. Auch der Gartenschlauch und der Rasenmäher sind für eine gründliche Reinigung dankbar. Achten Sie darauf, daß Ihre Sämereien, die Düngemittel und die Pflanzenschutzpräparate trocken und sicher gelagert sind. Für Kinderhände sollten auch die Biopräparate immer unerreichbar sein!

Naturgemäßer Pflanzenschutz

- Kontrollieren Sie die Mulchdecken auf den Baumscheiben nach Wühlmauslöchern. Notfalls müssen Sie Fallen aufstellen oder Köder auslegen.
- Die Nistkästen in den Bäumen können Sie leeren und säubern. Beginnen Sie auch rechtzeitig mit der Fütterung Ihrer gefiederten Gartenhelfer, damit diese wissen, wo im Winter der Tisch gedeckt ist.
- Die Stämme junger Bäume sollten vor nagendem Wild durch Drahthosen geschützt werden.
- Kontrollieren Sie die Leimringe.
- Passen Sie auf, daß sich im Vorratskeller keine Mäuse einnisten.

Jetzt bleibt genügend Zeit und Muße, um alle Gartengeräte zu putzen und ordentlich unterzubringen.

Das Wichtigste auf einen Blick

Säen
Warm: Kresse, Keimsprossen

Pflanzen
Freiland: Blumenzwiebeln, Rosen und Sträucher; Schnittlauch eintopfen.

Pflegen
Wintergemüse, Salate, Kräuter, Rosen, Stauden abdecken; frostgefährdete Gemüse und Salate einschlagen; Vorräte im Keller kontrollieren;
Baumschnitt, Edelreiser schneiden;
Den Gartenteich winterfest machen;
Gartengeräte und Werkzeug reinigen.

Der Biotip des Monats

Es ist ein schöner, sinnvoller Brauch, am Heiligen Abend auch die Tiere an der allgemeinen Freude und am Wohlergehen teilhaben zu lassen. Besorgen Sie für die Meisen eine Extraportion Nüsse, für die Amseln Rindertalg, für die Hasen einen Kohlkopf, und geben Sie auch der Maus im Keller ein Stückchen vom Festtagskuchen.
Dies ist ein freundlicher, meist erfolgreicher Trick, um die kleinen Nager von den eigenen Vorräten fernzuhalten.

So kann das Jahr für Menschen, Tiere und Pflanzen in Frieden ausklingen. Der Kreis der Monate rundet sich. Am Neujahrstag wird die Sonne wieder um einen Hahnenschrei länger über der Erde leuchten, und die Hoffnung auf ein neues glückliches Gartenjahr beginnt unverzagt im Verborgenen zu grünen.

Bezugsquellen

Untersuchungsanstalten für Bodenproben

Biologisch orientierte Institute

Dr. Fritz Balzer
Oberer Ellenberg 5
3551 Amönau

Institut für biologisch-dynamische Forschung
Brandschneise 5
6100 Darmstadt

Mikrobiologisches und chemisches Labor
Dr. W. Wenzel
Maygasse 8
A-8010 Graz

Eidgenössische Forschungsanstalt
Schloß
CH-8820 Wädenswil

Staatliche Institute

Landwirtschaftliche Untersuchungs- und Forschungsanstalten (Lufa) in allen Bundesländern

Biologische Dünger und Pflanzenschutzmittel

Versandfirmen/Bio-Spezialfirmen

Bio-Gartenmarkt Keller
Konradstraße 17
7800 Freiburg i. Breisgau

Stoeckler Bio Agrar AG
Biologisches Pflanzenschutz- und Pflegeprogramm
Neuhofstraße 5
CH-8630 Rüti/ZH

Gartenfachhandel mit Bio-Programmen

Dehner - Alles für den Garten
Postfach 1160
8852 Rain am Lech

Samen Mauser
Zürichstraße 98
CH-8600 Dübendorf/Zürich

Gärtner Pötschke
Postfach 2220
4044 Kaarst 2

Saatgut aus biologischen oder biologisch-dynamischen Anbau; ungebeiztes Saatgut

Bio-Gartenmarkt Keller
Konradstraße 17
7800 Freiburg i. Breisgau
(ungebeiztes Saatgut von Gemüse und Blumen und Sonderliste für biologisch-dynamisches Saatgut)

Karl Hild, Saatzuchtbetrieb
Postfach 99
7142 Marbach/Neckar
(ungebeiztes Saatgut, Gemüse)

Kiepenkerl-Samen
Bruno Nebelung GmbH u. Co.
Postfach 5569
4400 Münster
(ungebeiztes Saatgut)

Ilmar Randuja - Ekkart Hof
CH-8574 Lengwil
(Gemüse, Kräuter, Blumen, Gründüngung)

Carl Sperling & Co., Pflanzenzüchter
Postfach 2640
2120 Lüneburg
(NUR NATUR-Samen, Kräuter, Bio-Start, mit keimungsfördernden und pilzhemmenden Pflanzenextrakten behandelt; Gemüse und Kräuter)

Julius Wagner GmbH
Postfach 105880
6900 Heidelberg
(»Bio-Select«, gesunde Sorten mit Naturextrakten behandelt, Gemüse)